Máquina de Fazer Dinheiro

Eu odeio o dinheiro! Mas amo uma

Máquina
de Fazer Dinheiro

por

Víctor Rebelo

e

Patrícia Crain

Tradução de

T. Cunha

(Novo acordo ortográfico parcialmente seguido)

Índice

Preâmbulo

A POPULARIDADE DE O Vicente era evidente na falange de empregados de mesa, todos de negro, pacientemente à espera que os clientes habituais chegassem. Tive dificuldade em encontrar o lugar, dado que o meu antiquado aplicativo para a rota de condução me dizia que em Bedfordwiew não existia tal morada, como anunciado, mas aceitei a informação de que confinava com Kensington. Apesar disso cheguei cedo, o empregado que me atendeu sabe quem é Víctor Rebelo e mostrou-me uma mesa. Não uma mesa qualquer, de maneira nenhuma, mas a mesa dele. Enquanto esperava, o restaurante encheu-se, e perguntei-me se seria uma reunião que valesse a pena. Bom, pelo menos tinha a certeza de ter um bom almoço. Etienne Dorfling, um editor conhecido que tinha proporcionado o encontro, tinha dito: "Este indivíduo quer escrever um livro e precisa de ajuda, lembrei-me de ti." Eu não podia deixar de ver o Etienne, resplendentemente brilhante na sua camisa verde limão e chapéu a condizer, quando abriu o caminho para a mesa acompanhado por um homem grande, de cabelo escuro, que jovialmente retribuía os cumprimentos de outros habitués. "Este é o Víctor Rebelo. Vic, esta é a senhora de que te falei, a Patrícia Crain."

Enquanto nos deliciávamos com deliciosos pratos portugueses tradicionalmente preparados, a conversa girava de um tópico para o outro. Víctor é cativante e aberto. Porém, perguntei-me se ele poderia ser considerado excessivamente confiante, mesmo arrogante. Então ele disse-me que um dia tinha deixado crescer o bigode, como muitos jovens fazem. "Pensei que talvez as mulheres no serviço me respeitassem mais," disse ele, e rimos os dois. O encontro prolongou-se bem mais do que as horas que nos eram permitidas. Eu costumava pensar que o sucesso e uma certa idade se acompanhavam, e que por volta dos sessenta as pessoas teriam conseguido realizar muitos dos seus objetivos. Claro, isto não é necessariamente verdade, mas Víctor é dessas pessoas que o conseguiu. À medida que ele fala, torna-se evidente a clareza de objetivos que o conduziu ao sucesso de que goza hoje.

As razões óbvias para querer um livro sobre a sua vida são claras: ele gostaria de dirigir sessões de capacitação, e a pesquisa que efetuou revelou que é útil uma publicação pessoal, mesmo necessária, para ter sucesso. É também um legado para a família, para que tenha conhecimento de certos acontecimentos da sua vida, enquanto ele pode ainda contá-los. Nos meses despendidos a investigar e a redigir este livro, apareceram outras motivações, rodopiando pelas histórias recordadas e pelas que não são. Quando fez sessenta anos, a atenção de Víctor virou-se para o passado e houve a necessidade de criar uma imagem, embora uma imagem móvel que liga aconteci-mentos diferentes e lhes dá significado. Retrospetiva-mente, a compreensão do mito das nossas vidas é colorida pela experiência vivida, e do nosso presente ponto de vantagem podemos distinguir o que nos tinha escapado antes.

Os motivos são esses, mas, talvez a razão mais importante de Víctor seja o desejo de que um ou mais leitores extraiam algo de valor da sua história, algo profundo que os inspire a manterem ondeando o estandarte do seu espírito e os possa encorajar a fazerem o melhor das suas vidas. Quer mostrar que lutou, que as circunstâncias da sua vida não eram nada vantajosas, mas que ele conseguiu. Não apenas isto, mas que foi capaz de desenvolver uma fórmula para o sucesso. E ele deseja-o a toda a gente.

Víctor é um homem que vive o momento presente, saboreando o que o mundo lhe oferece. É um homem que percorre o caminho da vida com a consciência dos seus defeitos, sabe que no passado se portou muito mal, reconhece que nem sempre tem razão. Ele assume a responsabilidade dos seus crimes. Ele reconhece a sua capacidade para praticar o bem e passa a vida a tentar ser o melhor homem que puder.

Foi uma experiência gratificante ajudar o Víctor a escrever tanto da sua história quanto possível num pequeno livro. Ele não é famoso, e não integra nenhuma lista dos melhores detentores de rendimentos do país. Em grande medida, a sua é uma história vulgar. Contudo é nas vulgares que nasce o extraordinário.

Patrícia Crain
Joanesburgo, 2018

Introdução

EU DETESTO FUNERAIS onde se fala do falecido como se ele fosse um santo. Quero que este livro seja a minha eulogia. Quando eu morrer, podem ler uma ou duas páginas deste livro, e contar como foi a minha vida.

Eu tive sempre dinheiro, mesmo em criança, mas continuem a ler para saber como é que o conseguia. Nunca me fez feliz mas, de qualquer maneira, eu desperdicei-o. É por isso que não gosto de dinheiro. Assim como vem, também vai e por vezes muito facilmente. Descobri que é mais importante ter uma visão, um plano, uma meta na vida. Eu queria criar uma máquina de fazer dinheiro, algo que pudessse produzir o que eu precisava para viver confortavelmente. Neste momento não tenho dinheiro e sou um homem feliz. Fico com o que preciso para viver confortavelmente, o resto recapitalizo no negócio.

Antes que perguntem, deixem-me explicar o que é uma máquina de fazer dinheiro. É um negócio bem estabelecido que produz até morrermos, e continua a produzir para a geração seguinte sem que estejamos presentes. É uma entidade em processo de evolução criada e mantida pelas pessoas que a fazem andar para a frente, isto é, que a operam, e por sua vez sustenta todas as pessoas ali empregadas. Se for um negócio bem feito, também enriquece famílias e comunidades.

Eu fui um miúdo terrível, mas, à medida que os anos passaram, aprendi com as minhas próprias experiências e tornei-me no que sou. Portanto não é importante o que fui, mas o que sou agora. Acontece o mesmo com toda a gente. Aceito as pessoas como elas são agora, como lidam com as situações no presente. O que conta é o que somos hoje. Seja o que for que aconteça nas nossas vidas, ganhamos sempre, porque mesmo as experiências más têm lições valiosas.

Com este livro, desejo mostrar que podem mudar as vossas vidas e a vós próprios. Eu consegui. Também podem conseguir.

Víctor Rebelo
Joanesburgo 2018

1

Está no sangue

A mãe de Lina tentou parar-me, murmurando: "Não vás lá! Ele está fora de si..."

Eu afastei-a: "Tenho de pôr um ponto final nisto de uma vez para sempre!"

O quarto deles era a um passo da porta da frente e eu abri a porta com estrondo. Ele estava à minha espera. "Filho da puta," disse ele, ao mesmo tempo que premiu o gatilho de uma distância de pouco mais de dois metros. Senti-me estranho, uma sensação cintilante de quente e frio, e olhei para ele, incrédulo: "Jesus!" Este era o seu nome, ou um deles, mas não creio que tenha sido por isso que ele caiu no chão como morto.

A esquadra de Cleveland era perto e guiei até lá. Os polícias conheciam-me porque lhes dava bilhetes de borla para o drive-in[1], mas eles também conheciam o

---

[1] Cinema ao ar livre.

pai de Lina.

"Como estás, Vic..." –saudou e interrompeu o polícia com um ar apreensivo.

"Ele deu-me um tiro! Deve ter sido uma bala de borracha..."

OS POLÍCIAS DA esquadra de Cleveland viram logo que não era uma bala de borracha. Eles bem sabiam como era quando alguém apanhava um tiro e, apesar da falta de sangue, o grande homem defronte deles parecia estar em sérios apuros. Víctor não tinha a consciência do que o rodeava, mal notava a repentina atividade quando os polícias deixaram a esquadra para prender Lino de Jesus Vidal, o homem que o tinha baleado. Quando ele percebeu que se sentia estranho e pediu a alguém para lhe atirar água para cima, para o arrefecer, a ambulância chegou.

Não era a primeira vez que Víctor chegava perto da morte, nem seria a última, mas daquela vez foi notícia em vários jornais. O tiro foi em Agosto de 1976, o julgamento de Vidal por tentativa de assassinato foi em Janeiro do ano seguinte, e os cabeçalhos dos jornais diziam "Karateca baleado pelo futuro sogro". Era verdade que Víctor tinha, de facto, praticado a arte marcial, mas os cento e trinta quilos eram prova do engano do título. Paradoxalmente, foi o grande excesso de peso que o salvou. A gordura na barriga demorou o trajeto da bala e fechou o ferimento.

Hoje, quarenta anos mais tarde, é um Víctor muito mais velho e mais magro que fala das suas vivências. "A perda de tempo não existe, mas existe a perda de vida. Compreendes o que quero dizer?" Os olhos de Víctor têm a cor do chocolate, e o seu olhar é intenso. Sorri com facilidade, um sorriso largo que convida quem quer que seja a juntar-se àquele sorriso, e dá a impressão que é uma pessoa pacata. Mas não é assim, não foi só por ter a aparência de ser o Sr. Bonzinho que este homem passou de uma infância pobre a um homem de negócios de sucesso. Nem passou sessenta e três anos sem o seu quinhão de tribulações – talvez mais do que o seu quinhão, se incluir o apanhar um tiro do futuro sogro como algo fora do normal.

"Tinha um plano com três objetivos," diz ele. "Ter uma casa – não uma simples casa, mas um lar, criar uma máquina de fazer dinheiro, e ajudar as pessoas, mas com um Fim e uma Condição." E de novo o olhar intenso. "Um F&C^2: têm de querer ajudarem-se a si próprias. Isto é, sem dúvida, importante. Sempre ajudarei as pessoas que querem ajudar-se a si próprias."

***

Pode dizer-se que a primeira experiência de Víctor com a morte foi num pesadelo de criança, que talvez tenha sido causado depois de ele se ter esgueirado para a sala de um vizinho que tinha sido transformada provisoriamente em câmara ardente. No caixão estava o corpo de uma mulher que tinha vivido no apartamento por cima do apartamento dos avós paternos de Víctor. Ali estava ela, no caixão e sem se poder mover, a mulher que nunca mais daria a Víctor um ramo de salsa para o cozinhado da avó.

Mais tarde, Víctor passou por uma experiência estranha e assustadora: "Tentava mexer-me, mas não havia espaço. O buraco tinha o tamanho do meu corpo, e estava coberto de terra. A carroça de madeira e o boi – o meu único brinquedo – tinha sido enterrada comigo, mas eu não podia mexer os braços para brincar com ela. Ali deitado, sabia que tinha morrido." Terá sido um sonho ou uma visão? Ele hoje não tem a certeza, mas lembra-se de que, quando pensava nele, corria para a cama a chorar

---

^{2} F: Fim C: Condição.

descontroladamente. A Avó Maria tentava consolá-lo, queria saber o que tinha acontecido, mas não lhe conseguia contar. Com dez anos não tinha palavras para explicar que tinha sentido a morte.

E nesse momento, à medida que Víctor contava o seu sonho de morte, uma violenta tempestade caiu sobre a a grande metrópole de Joanesburgo atingida pela seca, trazendo consigo a chuva tão necessária. Subitamente caiu tanta água, que o rio Jukskei, que corre próximo, transbordou e inundou a via rápida, criando o caos no trânsito da hora de ponta de regresso a casa. Naquele dia houve quem tivessse perdido a vida, e propriedades ficaram danificadas pela repentina tempestade. No entanto, assustador como era, não se comparava àquele especial dia de Novembro, em Lisboa, há dois séculos e meio, um dia que forma um enquadramento esclarecedor para esta história de vida.

Quantos terão tido essa compreensão tão clara da sua própria mortalidade numa idade tão tenra? Sabemos que todos morreremos um dia, mas raramente pensamos que esse dia pode estar prestes a acontecer. Aconteceu em Lisboa – uma das cidades mais antigas da Europa –, há séculos, quando multidões enchiam as igrejas, milhares de velas eram acesas para celebrar o dia de todos os santos. Um leve tremor do solo depressa se transformou em tremores tão fortes que até fizeram tocar os sinos da cidade. O primeiro abalo foi seguido de outro mais forte que fez tombar os santos e as velas nas igrejas, os prédios oscilarem e desmoronarem-se nas ruas. As igrejas e as catedrais foram as primeiras a cair, os telhados abateram, esmagando a enorme quantidade de pessoas que se tinha ali congregado. Grandes fendas, algumas com mais de quatro metros de largura, abriram-se nas ruas da cidade, e pessoas e carruagens, estátuas e mercados desapareceram para sempre nas profundezas da terra. O terceiro abalo não foi tão forte como o segundo, mas em apenas dez minutos desmoronaram muitos dos edifícios que eram os marcos de Lisboa.

Incêndios irromperam por toda a cidade, alguns causados pelos fogos das cozinhas, muitos pelas velas acesas nas igrejas, e o povo correu para os espaços abertos junto às docas de mármore. As pessoas fugiam de casa deixando os fogões de lenha acesos, corriam pelas ruas estreitas pejadas de entulho e escombros dos prédios que ruíam, tentando encontrar um caminho para se salvarem. Aqueles que conseguiram chegar ao porto olharam espantados para o leito do rio exposto pelo recuo da água, revelando os restos de carga perdida ou os navios naufragados já esquecidos. Alguns oportunistas talvez tivessem corrido para os navios afundados – se o leito fundo e pantanoso do rio o permitisse – à procura de tesouros, mas nunca lucraram com os possíveis achados. A primeira onda do tsunami, de nove metros de altura, apanhou-os desprevenidos e levou-os para o mar. Foi seguida de outra ... e outra ... cada uma delas deixando grandes extensões do leito do rio a descoberto quando recuavam, arrastando pessoas, barcos e destroços.

As ondas enormes, que deixavam a maior destruição, não apagaram os fogos dos pontos mais altos. A tempestade de fogo durou cinco dias, destruindo o que o sismo e a água não tinham destruído. Milhares de pessoas morreram em Lisboa no dia 1 de novembro de 1755, e mais morreram ao longo da costa. Portugal não foi o único país afetado, mas a capital, situada a cerca de cento e cinquenta milhas (241,402 quilómetros) do epicentro, sentiu a força máxima e as consequências do tremor de terra.

Quando os sobreviventes começaram a recuperar do desastre, os padres atribuíram a destruição como uma forma de punição pelos pecados das pessoas. Houve quem disputasse a afirmação porque os devotos tinham morrido nas igrejas, ao passo que as prostitutas tinham sobrevivido nos bordeis, o que parecia entrançar o sismo, o maremoto e o fogo. Persuadidos por pessoas como Voltaire[3], os iluministas[4] começaram a acreditar que o sismo tinha causas naturais que pouco – ou nada – tinham a ver com intervenção divina.

O Marquês de Pombal[5] elevou-se competentemente à tarefa de reconstrução, tendo como prioridade "enterrar os mortos e cuidar dos vivos (literalmente «Enterram-se os mortos e cuidam-se os vivos ....»"). Esta expressão tem um significado figurativo, porque, para evitar doenças, mandou carregar os mortos em barcos danificados que foram queimados no alto mar. Ele expôs-se, obviamente, à indignação da igreja, mas, sob a sua vigilância, Lisboa foi reconstruída num sistema de rede de ruas mais largas e direitas, que se tornou a maneira de construir cidades em todo o mundo. As paredes dos novos edifícios também foram estruturadas de modo a resistirem a sismos, outra iniciativa inovadora.

Tudo mudou em Portugal: Pombal, como ministro, assumiu os poderes de um ditador com autorização do rei; ele também reduziu a influência da igreja, e uma das maneiras foi interferir na colocação de novas igrejas e catedrais; as pessoas instruídas também, pela maneira como começaram a pensar; e o começo do declínio do papel de Portugal na política internacional. Estes acontecimentos tiveram um efeito profundo não só no espírito das pessoas, mas também na nação que lhes sobreviveu.

---

[3] Voltaire foi um filósofo, escritor e historiador francês do séc. XVIII que acreditava que os fenómenos tinham uma explicação natural e racional.

[4] Iluminismo: movimento cultural que se verificou na Europa no século dezoito que tinha como característica a total confiança na razão e na ciência para explicação de fenómenos naturais, além de ser a favor da liberdade de pensamento e da defesa dos direitos do cidadão.

[5] Sebastião José de Carvalho e Melo, ministro do rei D. José I.

Embora não tenha recuperado completamente a sua opulência e estatuto de superpotência, este pequeno país iria ainda exercer a sua influência no mundo, e Lisboa permaneceu uma grande cidade com um grande e importante porto. Quando nasceu Víctor Manuel de Amorim Barreira Rebelo, a 5 de dezembro de 1954, tinham-se passado dois séculos sobre a sua reconstrução. Lisboa testemunhou lutas frequentes pelo controlo do governo e da igreja, sobreviveu à primeira guerra mundial e embora não tenha participado da segunda, também sentiu a sua influência na falta de géneros, entre outras coisas; alargou-se para acomodar a afluência de pessoas das zonas rurais para as zonas urbanas. Houve outros momentos históricos que, dirão alguns, contribuíram para o desenvolvimento de Portugal como nação tal como o conhecemos hoje, mas esta história não se refere à história do país. Esta história protagoniza um homem, Víctor Rebelo, e começamos pela cidade em que nasceu.

O grande sismo, os maremotos e os incêndios não eliminaram a influência mourisca de alguns edifícios de Lisboa. Particularmente no sul de Portugal, a influência mourisca pode verificar-se nas características físicas das pessoas, algumas vezes na forma de vida, e constantemente nos pináculos, nas cúpulas e nas torres de vigia construídas há séculos. No sangue dos portugueses misturam-se os Iberos, os Celtas, os Romanos, as tribos germânicas, os mouros e os judeus, desenvolvendo-se, ao longo dos séculos, um povo de predominantemente olhos castanhos, cabelo escuro e uma estatura abaixo de 1,80m (ou seis pés). É evidente o perigo de se generalizar desta maneira, tanto em termos de acontecimentos que contribuíram para o temperamento do povo português, como também na sua aparência geral. No entanto, em muitos aspetos, tal como os seus pais, Augusto e Libânia, e os pais destes, Víctor Rebelo enquadra-se sensivelmente no protótipo de cabelo escuro. A sua personalidade também se enquadra na noção geral de personalidade portuguesa: franco, descontraído, acolhedor e afável. Contudo há algo que se projetou através dos séculos: os seus antepassados e o local em que nasceu, que se manifesta em Víctor de uma maneira que o torna um pioneiro de todos os tipos. Talvez algo do espírito insatisfeito que levou os portugueses a navegar por todo o mundo, intrépidos e em busca de aventuras. Também o instinto de mercador nato, e a alma guerreira do empreendedor.

Há ainda mais. Juntamente com a incontornável urgência de abrir o seu próprio caminho no mundo, há o sentimento de ter raízes no país que adotou como seu. Contudo, quando Víctor traçou a sua ascendência através de um teste ADN, não achou nada que pudesse explicar o modo como a sua alma vibrou quando se embrenhou no mato africano, e o vínculo que sentiu a ligá-lo ao pôr-do-sol sobre o mar, no norte de Moçambique.

2

Avós e Alvalade

Eu fui uma dessas crianças que registava tudo. Eu ouvia, e fui testemunha de muitas coisas que para mim não faziam sentido. Comecei a notar como o mundo era injusto para alguns, e tão glorioso para outros. Tentei compreender qual era a diferença entre os dois tipos de pessoas, os ricos e os pobres. Na minha vida faltava alguma coisa — teria sido afeição, ternura, cuidado, comunicação, orientação espiritual? Antigamente as crianças estavam destinadas a serem vistas, não ouvidas, por isso eu tinha medo de dizer abertamente qual era a minha opinião. Quando o fazia, era humilhado e silenciado. De princípio os meus atos de rebelião eram pequenos, mas aumentaram com a minha frustração e impossibilidade de discutir os meus medos.

Os meus avós viviam no mesmo bairro, numa rua paralela. Eu vivia com os meus avós maternos, a Avó

Maria e o Avô Amorim, no apartamento em que eu tinha nascido. Antigamente era tradição os casais viverem com os pais depois do casamento. Não havia muitos recém-casados que pudesssem viver sozinhos. O meu pai maltratava a minha mãe e, por fim, a Avó Maria teve de intervir. Ela disse à minha mãe que aquilo não era vida e que estava a afetar a família; ou ela fazia alguma coisa quanto ao que se estava a passar ou, alternativamente, ela e o meu pai tinham de achar outro alojamento.

ANOS ANTES DE Víctor ter o seu sonho de morte, ele teve um encontro bem real com a sua própria mortalidade, e tem imagens vivas dessa experiência traumática. "Eu devia ter uns seis anos," diz ele, "e não me lembro de ter ficado doente." Recorda-se, no entanto, do hospital, a sua confusão, e do seu sentimento de perda e desespero quando compreendeu que estava isolado da família. Ele comprimia os lábios e as mãos no vidro quando o visitavam – não estavam autorizados a ter qualquer contacto – e a família fazia o mesmo do lado de fora. Por causa de constrangimentos de transporte, às horas de trabalho árduo impostas aos trabalhadores, e também devido ao tempo imposto pelo hospital, as visitas não eram frequentes, não eram suficientes para o rapazinho doente. A família não podia levar-lhe um brinquedo que posteriormente teria de ser destruído com receio da contaminação, por isso ele não tinha nenhum. Na primeira manhã no hospital, quando acordou, também se lembra de ver vazia a cama em frente. O menino de quem se tinha tornado amigo tinha desaparecido misteriosamente. À medida que recuperava da doença que matava pelo menos um em dez de quem a contraísse, e ainda mais de quem fosse mais novo do que ele, Víctor começou a compreender que os rapazes desaparecidos tinham morrido.

Só sete anos depois de Víctor ter recuperado da difteria, Portugal garantiu o programa de vacinação geral contra a doença que se tornou conhecida pelo nome de 'Estranguladora de Anjos' quando varreu a Europa durante a Segunda Guerra Mundial. Portugal não foi dos países mais atingidos, nem durante a guerra nem depois. No entanto, em Lisboa, a doença ocorria regularmente, atacando principalmente as crianças entre os seis e os sete anos, principalmente quando voltavam à escola – um terreno fértil para a multiplicação da doença – depois das férias grandes de verão. A maior incidência da doença ocorria em outubro e nos frios meses de novembro e dezembro. Víctor lembra-se de ter iniciado a escola em setembro de 1961. Ele deve ter sentido dores de garganta, arrepios de frio e febre. À medida que a doença se desenvolvia, criou uma toxina que, por sua vez, desenvolveu placas que revestiam e bloqueavam a garganta e o nariz. À medida que as placas endureciam, ele deve ter sentido dificuldade em engolir, e talvez em respirar. Nas crianças que desapareciam das camas, a toxina atingia o sistema nervoso, causando paralisia e algumas vezes paragem cardíaca. Também vitimava os pacientes jovens quando os pescoços inchavam e a placa impedia completamente a respiração.

Em Portugal, naquela altura, a verdadeira doença fatal era a tuberculose: era o país de maior ocorrência da doença na Europa. Por sorte Víctor não teve tuberculose, mas como a difteria era uma doença bacteriana altamente contagiosa, ele esteve de quarentena juntamente com outras crianças infetadas, e as camas não ficavam vazias por muito tempo. Da sua cama ele podia avistar um jardim cheio de flores em um nível mais baixo. Entre lágrimas ele via um esguicho que saía do meio de uma flor, a flor no meio de uma árvore. Pelo menos era como parecia através da janela do hospital: árvore e flor eram uma só, e do centro das pétalas uma fonte jorrava água alto para o ar. "Claro, a água devia vir de uma fonte que não podia ver," diz ele. "Para mim era mágico, e eu ficava admirado como é que a água podia sair de uma flor. Eu contemplava-a durante muito tempo." Um conforto estranho imanava da árvore e do seu misterioso jorro de água das pétalas de uma flor.

Fascinante como era, a visão não podia prender por muito tempo a atenção de uma criança de seis anos, e quando foi autorizado começou a vagabundear pelos corredores do hospital. Descobriu o laboratório de testes e mostraram-lhe como as suas próprias amostras eram colocadas num tubo de ensaio. Quando o algodão dentro do tubo de ensaio tivesse uma certa cor, poderia voltar para casa. Por isso ia todos os dias ao laboratório (geralmente mais do que uma vez) e perguntava ansiosamente, os olhinhos abertos na expectativa de um sim: "A minha cor mudou?"

"O dia em que tive alta foi como se me deixassem sair de uma prisão," lembra-se Víctor. Com aquela idade não tinha vocabulário para exprimir aquela experiência aterradora, mas deixou o hospital determinado a gozar a vida que lhe tinha sido concedida. "Fui um dos sortudos," continua, obcecado pela imagem daquela primeira cama vazia e o menino que a tinha ocupado, e a ideia que ainda não podia ser verbalizada começou a desenvolver-se: estava na terra com algum propósito.

O jovem Víctor notou algo mais e isso fez-lhe confusão. Reparou que algumas pessoas tinham muito, enquanto outras pareciam fazer um grande esforço para sobreviver. Também viu que, em algumas famílias, as mulheres e crianças estavam no fim da hierarquia.

"As mulheres eram tratadas como escravas. Só serviam

para cozinhar, limpar e ter filhos."

As noções juvenis de Víctor de que a sociedade estava separada por uma linha desequilibrada em termos de riqueza e pobreza, e que as mulheres eram desempoderadas, baseavam-se nas suas próprias experiências e observações. Lembra-se de ter visitado uma casa com duas tigelas na mesa, uma com fruta fresca, suculenta e firme. A outra tigela também tinha fruta, mas amassada, algumas peças enrugadas or demasiado maduras, oferecidas (sem dúvida) a um preço bastante barato pelos vendedores. A vizinha, uma boa senhora que deixava as crianças comerem da tigela da fruta mais barata, vivia num apartamento ao lado do apartamento da avó Bcau. A fruta da tigela da melhor fruta era para o marido, que partia do princípio de que a mulher havia de cozinhar, limpar e tomar conta dos filhos.

Víctor sentia-se grato porque na casa em que vivia as coisas eram diferentes. O Avô Amorim não era aquele tipo de homem. "Ele tratava-nos bem, e ajudava a tratar da casa no dia de folga." A Avó Maria não tinha de suportar muitas das indignidades que as suas vizinhas sofriam às mãos dos maridos.

Víctor era ainda um rapazinho e não perdia tempo a pensar no estatuto inferior das mulheres ou no fosso económico entre ricos e pobres. Porém houve um caso como resultado de um acidente enquanto brincava, que se grudou à sua mente como um exemplo de como as mulheres eram maltratadas.

Um dos caros, por isso raros prazeres por que ansiava era o cinema. Geralmente os filmes eram americanos, com legendas em português. Víctor e os amigos adoravam os divertidos filmes de cowboys e perigosos tiroteios que seriam ganhos pelos bons, que salvavam a cidade. Para o grupo de crianças, encenar as histórias proporcionava horas de divertimento nos espaços a descoberto que confinavam com Alvalade. Naquele dia, a brincar aos cowboys e bandidos, Víctor escondeu-se atrás de umas pedras. Resolvido a ser um bom bandido – ou cowboy – lançou-se num rápido rastejo de leopardo. Mas para um dos seus pés foi demasiado rápido: ficou preso na fenda de uma pedra, e, sem se aperceber, ele lançou-se para a frente desastradamente. A clavícula bateu na pedra, e os outros cowboys (e bandidos) correram para o ajudar. Víctor foi levado para o hospital, a sua mãe esperando com ele a vez de ser atendido. O ferimento do garoto era grave, mas ele viu pessoas piores do que ele, algumas a morrer. Uma mulher com facadas em todo o corpo foi levada numa maca. O marido embriagado zangou-se com ela, e então pegou num formão de carpinteiro; primeiro deu-lhe um golpe no estômago como se o formão fosse um machado, depois continuou a malhar em toda a parte do corpo que podia alcançar. Víctor nunca soube se ela sobreviveu, mas ficou surpreendido com um mundo que punha as mulheres numa posição em que poderiam ser abusadas daquela maneira.

As imagens da mulher mortalmente ferida, a primeira e a segunda tigelas de fruta e as camas de repente vagas pelas crianças que morriam agitavam-se na cabeça da criança. Começou então a ter uma ideia de como não queria que fossem as coisas, sem saber o que podia fazer para as mudar.

***

Quando Víctor fala dos avós matermos, torna-se evidente o amor que lhes tem. Não admira, pois foi com eles que viveu os primeiros onze anos da sua vida. Tinha dois anos quando o pai e a mãe se mudaram para um quarto alugado num apartamento próximo, levando o irmão mais velho, o Nelito, de quatro anos de idade. De um ponto de vista puramente económico, fazia sentido aos avós, porque Augusto, o genro, mal podia pagar o quarto e suportar uma criança, quanto mais duas. Por um lado a Avó Maria não queria interferir, mas por outro ela tinha visto as dificuldades e os conflitos do casamento da filha. O apartamento não era assim tão grande que se não notasse o mau comportamento de Augusto e a infelicidade de Libânia. O ultimato da sogra deve ter espicaçado o desejo de independência de Augusto. "Isto não é maneira de viver," tinha Maria dito à filha. "Ou tu fazes alguma coisa ou arranjem outro lugar para viver." Libânia sentiu-se de mãos atadas para mudar qualquer coisa, especialmente o comportamento do marido. E assim a Avó Maria manteve-se firme na resolução que tinha tomado quando Víctor nasceu: "Este fica comigo, longe das lutas e dos disparates que há entre os dois!"

Como muitas antes dela, Maria Osório Cavalheiro tinha ido para Lisboa ainda jovem à procura de trabalho. Primeiro trabalhou como mulher a dias para os primos em troca de alojamento e alimentação, o que quer dizer que era tratada um pouco melhor do que uma escrava – ou provavelmente, pior ... "A minha avó era uma mulher extraordinária, mas muito severa. Com ela, não se podia sair dos eixos," recorda Víctor. O avô, Manuel de Amorim, também tinha vindo do norte de Portugal à procura de trabalho em Lisboa. Ele era cozinheiro – um confeiteiro – e conseguiu trabalho no Casino do Estoril. Um colega de trabalho apresentou o viúvo Manuel (a mulher de um ano e meio tinha morrido tuberculosa) à esforçada Maria. Para a classe trabalhadora, a vida pré-segunda guerra mundial era difícil em Lisboa, mas com a sua habilidade Manuel auferia um salário razoável que lhe permitia cuidar de Maria e da família que crescia. A mudança para Alvalade – um plano de urbanização nascido da necessidade de alojar o crescente número de pessoas a viver em Lisboa – foi um avanço para muitas famílias.

Em 1940, Alvalade nem sequer era um subúrbio de Lisboa, mas uma zona com quintas particulares e conventos com hortas e pomares. O Plano de Urbanização Alvalade, como era chamado, destinava-se a aliviar a grande falta de casas que Lisboa enfrentava. Não era uma tarefa tão importante como a reconstrução da cidade depois do sismo, do tsunami e dos incêncios, mas era igualmente assustador. Para o tempo, a ideia era inovadora: usar o mesmo desenho e traçado para uma quantidade de prédios para serem construídos mais depressa; e ao mesmo tempo criar bairros auto-suficientes com lojas, escolas e igrejas. Nuns simples três anos, construíram-se dois mil apartamentos para famílias de baixa renda, e foi um destes apartamentos que, em 1951, Manuel e Maria Amorim ocuparam com a família. Libânia, a filha mais velha, lembra-se de ter festejado os dezassete anos no apartamento novinho em folha, num segundo andar.

Manecas era o segundo filho Amorim e o primeiro rapaz. Ele deveria crescer como um homem simpático e com um bom trabalho de tipógrafo. Quando Víctor era pequeno, ele vivia perto e a família via-o muitas vezes. Ermezinda, a terceira filha – a segunda menina – e a tia de que Víctor menos gostava, deixou a casa quando casou com Víctor Martinho. Américo, o último a nascer, seis anos mais novo que a mãe de Víctor, tornou-se a ovelha ronhosa da família. Dentro e fora de casa, a entrar e a sair de problemas, parti-lhava a cama por trás da cortina com o sobrinho quando estava em casa. Até o pequeno Víctor podia ver que aquele tio parecia não trabalhar como as outras pessoas faziam, tendo uma nítida queda para se meter em brigas. Quando Manecas lhe arranjou um emprego, por um curto espaço de tempo parecia que Américo andava melhor, mas depois roubou dinheiro da empresa para comprar uma motorizada... Mais tarde desapareceu, mas não antes de fazer um filho, Nuno, que mais tarde foi condenado por violação. Acontece que o bem parecido Nuno era um violador em série, que foi apanhado quando a sua última vítima conseguiu tirar o gorro que lhe cobria a cabeça, podendo identificá-lo.

Uma das memórias mais antigas de Víctor é a de estar sentado no chão de madeira do apartamento dos avós a comer batatas fritas. "A minha mãe o o meu pai ainda viviam lá, com Nelito, e também a minha tia Ermezinda e o meu tio Américo. O meu irmão tinha cerca de quatro anos quando o meu pai e a minha mãe o levaram para viverem sozinhos, e a minha irmã ainda não tinha nascido."

"Enquanto estive no apartamento dos meus avós, nunca me faltou nada," continua ele. "Havia sempre o suficiente para eu comer. Fui mimado ali."

Como já se compreendeu, o Avô Amorim estava longe de ser o déspota que muitos homens eram. Ele trabalhava na Suíça, a melhor pastelaria de Lisboa; levantava-se às três da manhã para estar no serviço às cinco. "Para poupar dinheiro, ele andava cinco quilómetros até à estação do elétrico," lembra-se Víctor. Quando Alvalade era um subúrbio relativamente novo, não tinha muitas comodidades sociais. Os elétricos eram uma delas. Todas as quintas feiras o Avô Amorim ia ao mercado comprar as provisões para a semana seguinte. Quando chegava a casa, fazia bolos para a família, e conversava com a Avó Maria sobre o trabalho e os colegas. Das suas mãos mágicas saíam pastéis de nata, uma massa folhada recheada com leite creme de nata. Algumas vezes fazia também queque, um bolo pequeno com bordas em concha e uma elevação no meio que era coberta com lascas de amêndoa. Ou a deliciosa bola de Berlim, com o formato de uma bola e tipo rosca, recheada com o tradicional leite creme português. E noutros dias, mil folhas saíam da cozinha, camadas de massa folhada recheadas de leite creme e polvilhadas com açúcar fino. Víctor gostava muito das quintas-feiras na casa dos avós.

"Sabes, os pasteis eram pequenos. Do tamanho de uma dentada. Assim havia a sensação de que não se estava a comer muito." Víctor comia um a seguir ao outro, e ainda se lembra da massa estaladiça na boca e do leite creme doce que se espalhava na língua.

Nem todos os dias eram bons como as quintas feiras. Na escola, vestidas com o bibe que servia de uniforme, davam sopa com pão e leite às crianças – e óleo de fígado de bacalhau como suplemento nutricional. "Eu costumava cuspi-lo. Não suportava aquela porcaria," disse Víctor. "Davam-nos aquilo para nos 'abrir o apetite'." Ele fez uma careta como se ainda sentisse aquele detestável gosto na língua.

A Avó Maria era parente próxima do Sr. Dias, o professor de Víctor, e também o diretor da escola. Depois de ter voltado a casa para a sesta tradicional, Víctor esperava até serem quase horas para a escola recomeçar e ia até à casa do Sr. Dias para ir com ele para a classe. Durante o almoço, o Sr Dias deitava uma medida de vinho num copo de vinho de aço inoxidável, e bebia. Beber vinho não era apenas vulgar, mas quase obrigatório, mas poucos eram tão cuidadosos como o Sr Dias, que se servia da medida que era considerada quantidade adequada ao consumo. Por vezes não acabava de almoçar a tempo e continuava a comer a caminho da escola, mastigando devagar uma banana, a fruta macia às cambalhotas na sua boca aberta como roupa a rodar num secador. "Era um homem bem grande," diz Víctor, "e talvez comesse devagar numa tentativa de controlar o peso. Seja como for, quanto tempo leva uma pessoa a comer uma banana? Parecia que aquele homem nunca acabava e mastigava sempre de boca aberta." Todavia, Víctor tem boas lembranças do Sr Dias. "Não sei por que é que costumava ir ter a casa dele e depois ir a pé com ele para a escola. Gostava dele, e ele gostava de mim. Não era só por ele ser amigo da Avó Maria." Gostava dele como professor e pensava que era um bom professor, que deixava os alunos com boas bases de leitura, escrita e aritmética, intercaladas com um pouco de história.

Na maior parte dos casos eram os pais que insistiam que os filhos fossem à escola. Muitos avós das crianças não tinham nenhuma instrução. Tal como os seus colegas de escola, Víctor aceitou que a escola era uma coisa que tinha de fazer – pelo menos durante os quatro anos que lhc levou a fazer a instrução primária – e veremos mais tarde como ele se meteu em trabalhos no nível de escolaridade a seguir, depois de ter deixado a casa dos seus adorados avós.

Por enquanto ainda estamos em Alvalade, perto do aeroporto. O Víctor jovem sentava-se na pequena varanda com a jante de uma bicicleta, manobrando os aviões que se aproximavam para aterrar. Eles desciam, desciam, deslizando sobre o topo dos prédios, tão perto que parecia que iam tocar os telhados. Tão perto que o rapaz podia ver a tripulação na cabine de pilotagem, suficientemente perto para que ele próprio pudesse voar até lá e ajudar o piloto a trazer os passageiros para terra em segurança. Por um tempo sonhou em ser, um dia, um piloto, depois de crescido, mas o pai disse que era uma ideia disparatada. Tendo ouvido isto muitas vezes, começou a acreditar que podia ser verdade. Contudo, alguma coisa da obstinada tenacidade deste rapaz tornar-se-ia evidente anos mais tarde, porque ele agarrar-se-ia ao fio deste sonho muito depois de ter reconhecido a sua improbabilidade.

Se Víctor descesse a correr as escadas do apartamento da Avó Maria e saísse pela porta da frente, podia atravessar a rua e entrar na porta da frente do prédio a seguir, e atravessar para o outro lado do prédio. Um lanço de escadas acima viviam a Avó Beau e o Avô Rafael, os pais do seu pai. Era aqui que a família se juntava para o almoço de domingo. "Todos vinham, tios, tias, toda a gente."

Os domingos começavam cedo para Rafael da Cruz Rebelo. Homem janota, pequeno mas forte, ele tomava o seu banho semanal aos domingos de manhã. O quarto de banho era pequeno no apartamento de Alvalade, havia um tanque quadrado atrás da porta que servia para os banhos. Depois de aparar cuidadosamente o bigode para que ficasse uma linha direita e bem feita por cima do lábio superior, e impecavelmente vestido, Rafael preparava-se para ir à esplanada. Ele apenas fumava uma vez por semana, do lado de fora do café, enquanto tomava a sua bica, deitando abaixo o que podia do maço de cigarros. Sem ter nada que fazer, na sombra de um chapéu de sol, uma perna cruzada sobre a outra, levava a manhã a fumar os seus cigarros, beber meia dúzia de bicas, ler o jornal de domingo e a cavaquear com os amigos.

Depois o Avô Rafael voltava a casa para o ritual almoço de domingo, ocasião em que os seus filhos – os tios e tias de Víctor – e as suas famílias se juntavam. Havia o tio Eduardo e a mulher, Fernanda, com os filhos Paula e Miguel (que era ainda bebé). Lurdes, irmã de Augusto, a tia favorita de Víctor, aparecia com o namorado e futuro marido, o Constantino. "Ele era tão bem parecido que todos queriam ser como ele. Pelo menos os rapazes. As raparigas queriam crescer e casar com ele. Nós demos-lhe o nome de Roger Moore," diz Víctor. "Lurdes causou-lhe dificuldades, fazia-se rogada, e várias vezes até rompeu o namoro, mas ela adorava-o."

Os ingredientes para o tradicional cozido à portuguesa eram muito caros para uma só família, por isso cada uma delas trazia um embrulho para a panela. O resultado era um prato rico com várias carnes e vegetais, e farto, para que todos comessem bem. As crianças esperavam ansiosamente por essas refeições, altura em que podiam brincar e comer – o melhor de tudo – e receber dinheiro para o vendedor de doces. Chegavam a ter dois escudos e cinquenta centavos dos avós, pais e tios para comprarem doces depois do almoço. "Os homens é que nos davam o dinheiro, e o tio Eduardo tinha sempre alguma coisa," continuou Víctor.

"Ó ai!" Os gritos do homem dos doces e o som da corneta soavam à medida que ele subia a rua, a gritar: "óóóó aaaiii, óó aaaii!" Víctor gastava todo o dinheiro cm pirolitos, ou bolachas que o homem dos doces tirava de um tambor que tinha às costas.

Durante estes compridos e gregários almoços de família, os adultos conversavam, contando uns aos outros os acontecimentos da semana. Talvez tenha sido num desses almoços de domingo que Víctor ouviu o pai contar que tinha visto o padre do lugar, amigo seu, passar num carro cheio de mulheres. Augusto Rebelo tentava ser um polícia de tráfego, dirigindo o tráfego num cruzamento. Dizia que era divertidíssimo porque via todo o tipo de pessoas a fazer coisas disparatadas. "Como o padre, não com uma, mas com quatro mulheres!" Augusto disse à família: "Podem acreditar?" Augusto tinha-se tornado amigo do padre devido a uma questão relacionada com os uniformes que as crianças tinham de vestir aos sábados para a mocidade portuguesa na escola. Era obrigatório e a maior parte das famílias não os podia pagar. Mas a igreja podia, e pagava, e Augusto teve de se encontrar com o padre para os obter. Uma vez o negócio concluído, o pai de Víctor perguntou ao padre: "E aquelas quatro bombas no carro? Eu pensava que os padres estavam proibidos dessas coisas!"

"Se uma condição do sacerdócio fosse a castração, então não havia padres," respondeu o padre, sem receio e sem a mínima vergonha de ter sido visto em companhia inapropriada.

E Víctor comentou: "Isto diz muito sobre a religião!" E não se fartou de contar a sua atitute e o que pensava da igreja enquanto crescia.

3

Brincadeiras e igreja

Eu era um garoto rebelde. Era bom a atirar pedras às pessoas com a fisga. Às vezes magoava-as, e algumas vezes fiquei magoado. Claro que eu lutei. Todos os rapazes lutam, não lutam?

Havia os meninos mimados, nós chamávamos-lhes meninos de leite, que ignoravam as mães quando elas os chamavam. Não conseguíamos aguentar aquela falta de respeito e um dia dei uma tareia a um. Ele queixou à mãe, e ela apanhou-me, prendeu os meus braços e chamou o filho: "Anda! Bate-lhe!" Mas eu vingo-me sempre das pessoas, assim escondi-me num arbusto e esperei por ela. Quando ela passou, atirei-lhe uma pedra. Bateu-lhe na cabeça e ela caiu. Era cedo, mais ou menos cinco horas da manhã; voltei para casa depressa e saltei para a cama como se nunca tivesse saído de lá. Quando ela foi acusar-me de lhe ter atirado uma pedra, o Avô Amorim disse: "Não, não pode ser, ele está na cama." Eu teria tido um grande problema se ele soubesse que tinha sido eu a atirar a pedra. E talvez soubesse, mas eu estava ali, na cama.

Eu tinha chegado à conclusão de que havia só dois tipos de pessoas: os abastados e os pobretanas. Nós pertencíamos ao último grupo, e tanto os meus avós maternos como os paternos alugavam quartos para terem dinheiro extra. Por isso eu dormia numa cama na sala, e partilhava-a com o tio Américo quando ele estava em casa. A cama era maior do que uma cama de solteiro – era uma espécie de cama três quartos – tapada com uma cortina que deixava apenas espaço para ela. Foi a cama para onde corri, a chorar, quando tive o sonho de que estava morto. Mais tarde eu julgava que sabia o que queria e fazia o necessário para o conseguir. Naquele tempo tudo o que me interessava era dinheiro. Pensava que me podia dar as coisas que eu queria.

"NÃO SOU CAPAZ de viver num espaço com muitos andares," confidencia Víctor. "Em Alvalade, vi uma mulher ser atirada do terceiro andar de um edifício pela força de uma explosão de gás. Talvez seja por isso que não gosto de prédios altos."

Talvez não seja inteiramente lógico, porque uma explosão num rés-do-chão seria igualmente devastadora, mas quem sabe que associações fazem os cérebros juvenis. As experiências, a formação de conclusões que criam os padrões do pensamento e comportamento são armazenadas durante anos, camadas após camadas. Décadas depois, Víctor passaria por uma experiência em que o filho mais velho sofreria um ferimento bizarro na casa de dois pisos em que vivia. Paulie começava a aprender a andar e caiu pelas escadas abaixo, indo cair desastradamente em cima de um brinquedo descartado que lhe cortou os testículos. Não houve lesão duradoura, mas o incidente reforçou a opinião de Víctor sobre casas com escadas. "Apenas vivo em casas de um só piso," enfatiza ele.

As memórias podem também vir ao acaso, como aquela do ardina que veio à tona quando Víctor falava sobre as vizinhanças da sua infância. O ardina tinha um braço de arremesso forte e preciso, arremessando os jornais através de janelas abertas vários andares acima dele. Víctor ficava a olhar, fascinado, a ver a maneira como o homem dobrava cada jornal e lançava o míssil de papel, sem nunca falhar o alvo. Havia algo mais acerca do ardina que a sua aparência não deixava adivinhar, e muito menos o seu trabalho. "Quem teria adivinhado?" diz Víctor. "Aquele gajo apanhava beatas de cigarro nas ruas para fazer cigarros para ele. Mas veio a saber-se que era multimilionário. Pelo menos, isto era o que se dizia quando ele morreu."

As crianças não estavam autorizadas a jogar futebol nas ruas de Alvalade, nem mesmo no lugar onde a rua do apartamento acabava num beco sem saída. "Eu prendo-te!", gritava o polícia que de repente agarrara Víctor, mas ele conseguiu fugir e correu para uma distância segura, a dizer asneiras para o polícia quando ele se foi embora. "Não fazia sentido. Não é que houvesse muitos carros ou outra razão para não podermos brincar ali". A falta de campos de jogos para crianças talvez fosse devida ao facto de ser uma área nova e as infraestruturas estarem incompletas. Para Víctor, porém, havia outra razão: os ricos tinham onde ir, campos onde as crianças podiam jogar futebol e outros jogos, mas os pobres não tinham. O mundo estava separado entre aqueles que tinham e aqueles que não tinham, e os números estavam totalmente desequilibrados.

Outra coisa que não fazia sentido era a igreja. Os domingos de Víctor começavam cedo, porque tinha de acompanhar a sua católica e devota avó à missa, muito cedo. Ir à igreja era uma das coisas em que a Avó Maria era rigorosa. Assim que atingiu a idade suficiente, Víctor serviu como um acólito, quer dizer, um ajudante do altar. "Se houvesse um engano, como deitar o vinho errado, o padre agarrava numa orelha do miúdo e enterrava as unhas. Ele gostava de vinho tinto, mas algumas vezes havia só branco." Víctor começou a reagir, misturando de propósito o vinho, ou cometendo enganos propositados para irritar o padre.

Havia um ritual que ainda tinha algum interesse para Víctor, e ele gostava da ideia de que uma vez confessado um pecado, seria perdoado. Víctor resolveu fazer uma experiência, e roubou algum dinheiro da bolsa que a avó guardava no armário. Comprou um bolo, e ainda ficou com algum troco. Como era sábado, tinha de ir à confissão semanal. Geralmente Víctor tinha de puxar pela cabeça para arranjar uma lista de pecados em resposta à insistência do padre: "Que mais?" Daquela vez ele podia dizer: "Roubei uma moeda à Avó Maria."

"Ó meu filho, isso é realmente um grande pecado," respondeu o padre, "um pecado que não deves repetir. Sobrou algum dinheiro?"

"Tenho algum troco, padre, o troco dos bolos que comprei."

"Bem, meu filho, a tua penitência é a seguinte: Vais rezar dez Avé Marias e dez Padre Nossos. Ah, e quando te fores embora, põe o troco na caixa das esmolas."

Embora perplexo, respondeu obedientemente: "Está bem, padre."

O padre perdoou-o e abençoou-o do modo habitual! E foi tudo! Víctor fez o que lhe tinha sido indicado, ajoelhou-se e rezou as orações de penitência antes de passar pela caixa das esmolas. Quando alguém deitava esmolas havia um som metálico das moedas a tocar nas outras que já estavam na caixa, que era o sinal para o padre, que estava a ver, que o troco tinha sido posto ali. Mas não tinha. Víctor deu uma pancadinha na caixa para que as moedas lá dentro tilintassem e o padre pensasse que ele tinha deixado cair as moedas de troco, e foi-se embora com o coração tão leve como um passarinho. Afinal, ele tinha sido perdoado pelo Poder Supremo e o tempo gasto a rezar era um castigo mais do que aceitável.

Quando ele chegou a casa, a Avó Maria ensinou ao neto outra lição sobre a confissão. Todos os centavos eram contados naquela casa, e a Avó Maria sabia exatamente quanto dinheiro faltava na bolsa do armário da cozinha. Ela também sabia quem era o responsável e ia castigá-lo severamente pelo seu delito, com confissão ou não... Víctor ficou sinceramente aborrecido que a sua ideia sobre a confissão e penitência fosse assim tão duramente destruída – e de forma tão desconfortável! Afinal de contas, havia consequências por ter sido apanhado, e dizer a verdade ao padre não o tinha salvo delas.

Na sua raiva por ter sido enganado e por a Avó Maria insistir que fosse à igreja, os pequenos atos de rebeldia de Víctor já não eram suficientes, e ele passou a roubar o dinheiro da caixa das esmolas e outros donativos. Naquele natal assaltou o presépio, "limpando" o prato da coleta das notas e moedas de mais valor. "O detestável padre de dedos cortantes pode ficar com o resto," pensou ele. "Além disso, as pessoas que trabalham para a igreja roubam, então porque não posso roubar também?"

O seu relacionamento com a igreja era um dos factos que começava a confundir o pequeno Víctor, e o impacto dos acontecimentos que tinha sofrido ganhava impulso. Também na sua família os acontecimentos estavam em fluxo, desenvolvendo-se na direção de uma mudança inevi-tável. Quando se concretizou, para Víctor seria algo como as ondas do tsunami que atingiram Lisboa séculos antes.

4

Pássaros, cães e a laranjeira

Numa visita recente a Portugal, levei o meu pai a uma excursão a Peral. A Lurdes foi connosco. Ele chamou a atenção para coisas diferentes, o que eu não me lembrava que ele tivesse feito antes. Visitámos a vila original, mas havia só umas poucas casas velhas, abandonadas e vazias. Só naquela viagem descobri que Peral significa "pomar de peras". Agora fica a pouca distância de Lisboa, apenas a cerca de setenta quilómetros. O irmão mais velho do meu avô, que também se chamava Augusto, morava ali. Antigamente passávamos a noite, não era dispendioso porque o tio-avô Augusto era dono de tantas propriedades! Também visitávamos o meio-irmão do meu pai. O outro filho do avô Rafael.

As pessoas que cuidavam das igrejas e das capelas tratavam-se bem, porque havia maneira de terem dinheiro extra. Por exemplo, as pessoas que iam à igreja acendiam lamparinas e deixavam-nas a flutuar em tigelas com azeite de oliveira, em intenção a familiares falecidos ou em intenção a algum santo. Na maior parte dos casos deixavam ficar muito mais azeite de oliveira do que o necessário, e assim, quando a igreja estava sossegada, os encarregados levavam o excedente do azeite, deixando apenas o suficiente para as lamparinas permanecerem a flutuar. Depois metiam-no em garrafas e vendiam-no. Principalmente nas capelas ricas, se desaparecesse um anel aqui, um fio de ouro ali, e algumas notas ou moedas do prato da coleta, quem é que ia notar? Desta maneira os encarregados podiam juntar uma bonita pequena fortuna. Desde que, claro, não roubassem tanto que se tornasse notado! Ninguém acreditaria se lhe dissessem o que acontecia nas igrejas que frequentavam!

VÍCTOR AINDA VIVIA com os avós quando teve aquela visão da morte, visão ou sonho que iria ter um efeito duradouro na sua vida, e ele, muitas vezes, matutava sobre o seu significado. Com escassos dez anos de idade, e na ausência de palavras para a descrever, a experiência manifestou-se num desejo intenso de aproveitar a sua vida ao máximo. Para um rapaz, significava voltar a casa tão tarde quanto possível, gozar as paisagens, os sons e os sabores de Lisboa.

Quando ele ouviu falar de uma viagem que se planeava fazer a Peral, insistiu que queria ir. Era primavera, e Víctor rebentava de energia tal como as primeiras folhas e rebentos da laranjeira do avô. Víctor adorava as viagens a

Peral e a Caldas da Rainha. "Parecia que ir a um desses lugares era o mesmo que ir ao outro," diz ele. "São tão perto um do outro." Foi nas Caldas da Rainha que viu pela primeira vez o homem que iria conhecer como o tio Constantino. "Constantino talvez não fosse tão grande como me lembro. Mas, para mim, era um gigante," diz ele.

Quando o conheceu, Víctor olhou impressionado para o grande, forte homem que descarregava um autocarro e trazia, sem qualquer esforço, por uma escada, um pneu de trator do tejadilho do autocarro. "Ele era uma pessoa tão amável, tão agradável. As minhas tias e os meus tios tratavam-no como se fosse um deles, apesar de eles não terem sido criados juntos."

Constantino era o filho ilegítimo – mas reconhecido – do Avô Rafael, e tinha sido criado nas Caldas da Rainha. Víctor tinha ouvido histórias de como o Avô Rafael levava mulheres para casa e como a avó tinha de cozinhar para elas. Talvez não tenha acontecido mais do que uma vez, e não tenha sido necessariamente a mãe de Constantino que ele tinha levado para casa, e nunca aconteceu em Alvalade, mas as histórias faziam parte das narrativas da família. O facto era que Constantino era família, e toda a família – pelo menos a família do lado do Avô Rafael – participava do passeio para o visitar e também as pessoas que viviam em Peral e Caldas da Rainha.

Foi num desses passeios de família que Víctor e um amigo tentaram fumar pela primeira vez. Não tinham dinheiro para comprar cigarros, assim improvisaram um tubo de cana que encheram com 'tabaco' de espigas de milho. Subiram a uma figueira que havia no jardim de um vizinho, e puseram-se a dar baforadas no momento em que o pai de Víctor passava por ali. Olhou para cima, viu os rapazes, abanou a cabeça e continuou o seu caminho. Víctor ficou paralisado de medo, sem ter a certeza do castigo que lhe estava reservado, mas esperava que fosse duro. Ele evitou encontrar o pai tanto quanto possível, mas no fim de contas teve de voltar para casa; atravessou a porta com as mãos nas orelhas à espera de uma palmada na cabeça. Mas não veio. Em vez disso, o pai ofereceu-lhe um cigarro. "Não tenhas medo, não te vou bater," disse o pai. "Fuma um cigarro verdadeiro."

Víctor pensava que podia prever uma armadilha: "Não, obrigado..." Esquadrinhou a cara do pai à procura de pistas – aquilo não estava a correr como ele esperava.

"Fumo desde que tinha mais ou menos a tua idade," disse o pai, "ou talvez ainda mais novo. Sim, devo ter começado quando tinha dez anos." Ainda desconfiado, Víctor notou que havia algo de diferente na maneira como o pai lhe falava. Como se estivessem a ter uma verdadeira conversa. Augusto Rebelo continuou: "Quantas vezes entraste no quarto e refilaste por causa daquela nojenta porcaria no penico do meu lado da cama?" Era verdade, pensou Víctor, todas as manhãs havia uma coisa horrível na água do bacio. Naquele momento o pai falava calmamente. "Todas as noites tenho de pôr o bacio ali, porque tusso e escarro aquela coisa. Sabes, aquilo vem dos meus pulmões, do cigarro. Faz a merda juntar-se nos meus pulmões. Sofro muito por causa disso. Os cigarros são o pior hábito que um homem pode ter. É porco, repulsivo, e pode fazer-te muito, muito doente."

"Com o meu pai a falar-me daquela maneira, fez-me sentir que eu valia alguma coisa. Quando ele apanhou o Nelito a fumar, deu-lhe uma valente tareia, mas Nelito nunca deixou de fumar, e eu, de facto, nunca comecei. Aquela foi a primeira e a última tentativa."

***

Voltando àquela primavera em particular, quando Víctor tinha dez anos e a laranjeira do Avô Rafael estava prestes a dar os primeiros frutos. Para uma criança, o tempo não é relativo, é imediato, e Víctor ficou devastado quando lhe disseram que não podia ir no passeio. Na maior parte das vezes, nas visitas à família em Peral – ou Caldas da Rainha – não havia grandes acontecimentos, como tais passeios geralmente são. No entanto eram agradáveis, e Víctor esperava esses passeios com prazer. Disseram-lhe que daquela vez era só para os adultos: só para os pais e os avós paternos. Víctor insistiu, foi um chato, não compreendia por que é que as crianças não podiam ir daquela vez. O Avô Rafael foi claro: "Nem pensar, desta vez não vais, e pronto! Ficas em casa."

"Se não me levar consigo, vou destruir a laranjeira. Juro que faço isso!" replicou Víctor.

"Faz isso e vais ver o que te acontece," disse o Avô Rafael, e o curto sorriso revelava que ele pensava que era apenas uma ameaça infantil. Mas não era para Víctor, e os pais e os avós não tinham ainda chegado ao fim da rua, correu a pegar na tesoura de podar. E enquanto mutilava furiosamente a laranjeira, tudo o que pensava é que ia provar que era um homem de palavra. Ele sabia que, nos últimos três anos, o avô tinha passado horas a tratar, a nutrir cuidadosamente a sua querida laranjeira, regando-a e alimentando-a, esperando pacientemente os primeiros frutos que aguardava no verão seguinte. Riiip, riiip, r...iiip! Víctor deu golpes fundos na árvore – o bebé do avô Rafael –, cortou-a aos pedaços, depois arrancou as raízes da terra, para ter a certeza de que ficava completamente destruída. Quando ele e a sua fúria terminaram, não restava nada da preciosa laranjeira do Avô Rafael.

Ele ainda estava na fase de descobrir as consequências dos atos cometidos, por exemplo, o que tinha acontecido a Nero, o cão, quando atacou o varredor de rua. Bom, não foi bem culpa do cão, porque ele era simplesmente um cão que esgaravatava um monte de folhas e porcaria, um dos montículos colocados numa linha direita à mesma distância uns dos outros ao longo do passeio. Mas o varredor apenas fez o que tais pessoas fazem quando veem o seu trabalho estragado, e correu para o cão com a ponta espinhosa da vassoura de cerdas grossas; e o cão fez o que qualquer cão faz quando é atacado. O problema é que Nero era um enorme cão dinamarquês, com todo o potencial da sua raça, e o varredor morreu como resultado do ataque. Esta foi uma das vezes em que Augusto Rebelo pôde exercer alguma influência como polícia e conseguiu salvar Nero da morte, mas não conseguiu livrá-lo do desterro para Angola – o que representava uma pena diferida, visto que era provável que o cão morresse durante o tempo de serviço no exército.

Não que este fosse o principal pensamento de Víctor quando os pais e os avós regressaram do passeio, ou no dia em que viu o avô aproximar-se de casa carregando algo atrás. Sem saber que tipo de problema se aproximava, mas receando o que significava o objeto anormal que o Avô Rafael trazia, Víctor escondeu-se num dos quartos do pequeno apartamento. Quando a Avó Maria o chamou, ele, contra vontade, saiu (ele não compreendia o que lhe tinha passado pela cabeça quando tentou esconder-se num espaço tão pequeno). Em frente ao Avô Rafael, na sala, ele podia ver que o avô tinha um cinto nas mãos. Não um cinto qualquer, note-se, o seu cinturão da Legião Francesa. E, sem demora, lançou-se ao rapaz. Sem uma palavra, deu com o cinturão em Víctor até o deixar cheio de nódoas negras e azuis, pancadas tão ferozes quanto os golpes que o rapaz fizera na árvore. Ele saiu sem dirigir uma palavra a Víctor, que passou os dias seguintes na cama a recuperar da tareia.

Agora talvez imaginem que esta dolorosa lição em termos de consequências seria o suficiente, mas Víctor acreditava, verdadeiramente, que ele era a parte lesada, a vítima. Afinal de contas, o Avô Rafael devia saber que o neto era o tipo de pessoa que faria um juramento e depois o cumpriria. Enquanto recuperava da tareia, teve muito tempo para planear a vingança, e ao que ele chegou foi a outra paixão do avô: os canários. O avô criava canários e tinha uma gaiola cheia deles, Víctor sabia que ele gostava muito desses passaritos, quase tanto quanto gostara da laranjeira.

Víctor também gostava muito dos canários, e ainda mais do papagaio de que ajudava o Avô Amorim a tratar. Xico tinha ficado mais dedicado a Víctor do que aos avós com quem o garoto vivia. Como se vê, ele era capaz de ter sentimentos de afeto pelos animais da sua vida, e a criança não era uma pessoa cruel, mas o ressentimento que sentia pelo Avô Rafael era maior do que o amor por aqueles pobre seres. Víctor ajudava o avô muitas vezes a limpar a gaiola dos canários e, assim que se sentiu melhor, foi do apartamento dos avós maternos até ao pequeno pedaço de terreno de que os avós paternos se podiam servir. E ali abriu a porta da gaiola e viu quando os passaritos voaram para fora dela.

"Estava a limpar a gaiola e os passarinhos voaram," disse à Avó Beau. Desta vez ele não ia dizer a verdade: que ele tinha libertado os pássaros de propósito porque estava zangado com o avô.

"Sim, estava a limpar a gaiola," repetiu para um visivelmente consternado Avô Rafael quando voltou do trabalho, "e eles escaparam. Mas não se preocupe, porque estes pássaros, os que são criados em gaiolas, não conseguem sobreviver lá fora em estado selvagem." Ele tinha aprendido isto na televisão, e tinha chegado às suas conclusões, que partilhou com o avô: "Isto quer dizer que eles não voam para longe ... eles voltam."

O ancião e o rapaz olharam-se por um momento, com o último a preparar-se para a iminente tempestade. Não houve nenhuma, em vez dela o Avô Rafael desatou a rir: "Bom, então está bem. Havemos de ser capazes de os apanhar." Não os apanharam todos, mas os dois conseguiram apanhar aqueles que giravam lentamente nas árvores perto do jardinzinho, sem dúvida desorientados com a liberdade.

Um novo entendimento nasceu entre Víctor e o avô paterno, que era um homem trabalhador, conservador e pessimista. Para além da sua particular rotina dos domingos de manhã do aparo do bigode, das bicas e do cigarro, ele também era um homem que catava montes de lixo e apanhava objetos estranhos do chão vasculhado. Olhando para trás, do ponto de vantagem que a distância e a idade nos dão, pode-se classificá-lo como um pioneiro da reciclagem, quer dizer, de várias espécies de reciclagem. Algumas vezes Víctor acompanhava-o, ajudando-o a transportar para casa uma carga de objetos achados, enquanto o Avô Rafael esquadrinhava a estrumeira à procura de objetos úteis.

"Por que se chateia com essa merda?" Víctor uma vez perguntou quando o avô parou, dobrando-se para apanhar ainda outro prego dobrado, guardando-o cuidadosamente no bolso.

"Quando precisares de um prego para o teu carrinho de rodas de esferas, a quem é que vens a correr pedir?" A sorrir, o Avô Rafael olhou-o de lado.

Víctor levava muitas vezes o jantar ao avô no serviço, e estendia-se num monte de desperdício de lã, enquanto esperava pelo intervalo de trabalho. Espantava-o como o avô podia trabalhar tantas horas a um ritmo esgotante. O Avô Rafael tinha um tique nervoso, a sua cabeça andava para o lado e para cima e para baixo – um movimento que a família chamava de bicos de papagaio –, mas ele continuava a mover os braços para a frente e para trás, mantendo o tear a trabalhar apesar daquele tique. Às oito da noite Víctor já estava cansado, e o avô ainda tinha de acabar o turno da noite.

Foi então que, ao ver o Avô Rafael a prosseguir vigorosamente com o trabalho, mesmo estando mental e fisicamente cansado, Víctor começou a cristalizar a ideia que aquela não era vida para ele. Começou a pensar que devia haver outro modo de vida que não significasse esgotar toda a energia e fazer todo o esforço no que o seu ego de dez anos via como simples sobrevivência.

Veja-se, por exemplo, o seu amigo Alfredo, que vivia perto do apartamento da Avó Maria, em Alvalade. As suas probabilidades de vida eram diferentes. Víctor adorava ir a casa do Alfredo, onde ele absorvia a carinhosa atenção que a mãe de Alfredo distribuía a todos que cruzavam o limiar da entrada da sua porta. Biscoitos e Ovaltine – luxos que raras vezes, se alguma vez, ou nunca, havia na sua casa – eram uma certeza, juntamente com outros deleites e abraços generosos. "Ela era tão atenciosa e carinhosa. Quando ela falava, eu perdia toda a energia", lembra-se ele.

Alfredo começou a escola ao mesmo tempo que Víctor, que pensava que os pais de Alfredo eram angolanos, mas pelo menos o pai tinha nascido em Portugal. Angola, o país para onde Nero tinha sido desterrado, era uma colónia de Portugal. Isto era tudo o que o jovem Víctor sabia, e também que havia lá muitas pessoas negras. Os avós de Alfredo é que eram de Angola. Como eles tinham ali chegado era confuso para o rapazito, mas ali estavam eles, em Lisboa. Não era só isso, eles gozavam de um estilo de vida melhor do que o da família de Víctor.

Víctor lembra-se que Alfredo era um indivíduo cuidadoso, sempre porreiro e calmo. Ele não acreditava em desperdiçar, por isso usava os lapis até não poderem ser mais afiados. "Sempre pasmava porquê, porque ele podia comprar tantos lapis quantos quisesse. Mas ele escrevia com aqueles bicos até que fossem demasiado pequenos para o afiador." O pai, Alfredo Soares Pereira Melão, tinha-se elevado das suas origens humildes para se tornar num dos principais jogadores de futebol num país fanático pelo futebol. Cor, fama e fortuna não eram entraves à amizade dos dois rapazes, embora para Víctor as pessoas negras tivessem um fascínio que os outros portugueses não tinham. O próprio Víctor estava bronzeado com um tom de castanho profundo dos dias passados na praia e no mar, mas ao lado dele Alfredo parecia quase negro.

"Aceitei como verdadeiro, assim como muitos outros, que as pessoas de raça negra eram excelentes em qualquer coisa que fizessem. Quero dizer, a maior parte delas eram celebridades, como o pai de Alfredo, e não se movimentavam nos mesmos círculos que nós." Quando chegou um polícia sinaleiro negro para orientar o tráfico nas rotundas do centro de Lisboa, as pessoas juntavam-se para apreciar os seus movimentos elegantes e precisos. De alguma maneira ele conseguiu transformar a sinalização do tráfico numa forma de arte com os seus braços e mãos – de facto, com todo o corpo –, representando uma dança de perfeita sincronização. Víctor não sabia de onde é que o sinaleiro tinha vindo – talvez não tenha sido de Angola, mas de qualquer outra colónia portuguesa como Moçambique, Ilhas de Cabo Verde, São Tomé e Príncipe ou Guiné Bissau.

Nero, o grande cão dinamarquês que tinha morto o varredor de rua, tinha sido de certeza desterrado para Angola. "Você acredita?" O pai de Víctor tinha contado um dia (talvez num dos almoços da família aos domingos): "O nosso Nero é um heroi! Dizem que salvou milhares de vidas." Acontece que o cão era excecionalmente bom a farejar minas e em Angola tinham-no em enorme estima.

***

O comportamento de Víctor mudou nos meses que se seguiram ao sonho de morte e geralmente portava-se muito mal – pelo menos quando não estava em casa. Tinha muitos amigos, mas Penico era o rapaz que o acompanhava em muitas das suas façanhas. "A minha alcunha era o Careca, porque o meu cabelo tinha sido cortado com máquina zero. Era mais barato e era suposto fazer o cabelo crescer mais forte. Talvez seja por isso que eu hoje ainda tenho todo o meu cabelo." Victor interrompe, inconscientemente passando uma mão sobre o seu ainda farto e naturalmente escuro cabelo. "Penico era assim como um dos meus discípulos. Ele descobriu onde é que a avó guardava o dinheiro em casa, e por algum tempo vivemos como reis."

O oposto da Avó Maria, a avó de Penico era rica e parece que não contava o dinheiro, e parecia que não notava o pilhanço do neto. Penico e Careca compravam cerveja e pregos, vivendo à custa das economias da velhota. Alguma coisa mordia a consciência de Víctor, mas ele resolutamente ignorou-o. "Quando se tem um peso na consciência, qualquer coisa nos faz pular de susto," confessa ele. E pularam mesmo quando ouviram um grande berro: "Cigarrinho!" Um braço saiu disparado pelas grades da vedação do asilo, com a palma da mão para cima, quando o detido exigia cigarros aos transeuntes. Assustados, os rapazes correram quase a bater com os calcanhares no rabo, esquecidos de que as pessoas que viviam no asilo eram na sua maior parte inofensivas – pelo menos os que podiam sair. Alguns eram elementos regulares nos semáforos, tentando ganhar umas moedas lavando as janelas dos carros. O único senão é que não tinham apetrechos de limpeza nem água, assim cuspiam para as mãos. A maior parte dos condutores dava-lhes algumas moedas, e hoje ainda dão, quanto mais não seja para os evitar de esfregarem sujidade e saliva por todo o para-brisas.

Os remorsos alfinetavam Víctor – só um bocadinho, não o suficiente para o fazer parar – quando roubou o almoço dos cestos dos trabalhadores rurais que estes tinham deixado à sombra. Em Alvalade, o convento perto da casa dos avós possuía quintas que eram cuidadas diariamente. Cada um dos trabalhadores recebia uma cesta para o almoço com uma modesta refeição de pão e algumas vezes queijo. Víctor sabia que os pobres trabalhadores tinham famílias grandes – afinal, a maior parte era constituída por bons católicos e os almoços eram doados – e muitas vezes tinham de manter mais do que um emprego para sobreviver, alguns como guardas noturnos. Depois de uma comprida manhã de trabalho duro sob um sol inclemente, eles iam alegremente para a sombra das árvores e abriam as cestas com entusiasmo. Nos dias em que Víctor passava por ali, descobriam que o almoço tinha desaparecido, e não era consolo nenhum saber que tinha sido repartido entre um grupo de crianças. "Eu era mesmo um saqueador, um animal", reconhece Víctor. "Pensava só em mim. Quando não estava a roubar, estava a lutar, a atirar pedras ou a atirar às pessoas com a minha fisga." O comportamento de Víctor pioraria muito mais antes de melhorar.

Os dias de Alvalade estavam a chegar ao fim ao mesmo tempo que os anos de instrução primária. Víctor devia iniciar a escola preparatória em setembro de 1965, na Escola Francisco de Arruda. Era uma escola perto dos conjuntos habitacionais para os polícias onde os pais viviam agora, no bairro Quinta do Jacinto, em Alcântara. Era a cerca de vinte quilómetros de Alvalade, o que naquela altura não era considerada uma distância pequena, e Víctor ia viver com a família agora que o pai tinha conseguido um apartamento suficientemente grande para todos.

A mudança era muito grande para um rapaz de dez anos de idade, até porque não era capaz de compreender as implicações de deixar o único lar que tinha conhecido. Ele sabia que a Avó Maria e o Avô Amorim eram os seus avós e não os seus pais, mas sentiu-se um estranho na sua própria família. Era um sentimento legítimo porque o Nelito e a Nelita tinham vivido com os seus pais toda a sua vida, ele não.

5

Sobrevivendo em Lisboa

A mãe acreditava em videntes, mas o pai pensava e dizia que eram todos uns aldrabões. Quando as prostitutas levaram o saco cheio de dinheiro que o pai tinha cobrado, ele ficou em maus lençóis. Duvido que ele tenha contado à minha mãe a história toda, mas o suficiente para ela, em pânico, telefonar a uma amiga e contar-lhe o apuro em que estavam. "Ó ... ele tem de me vir ver!" disse a amiga, porque era vidente e ela descobriria o que ele tinha de fazer. Mesmo antes da minha mãe desligar o telefone, o meu pai já tinha saído de casa para resolver o caso à sua maneira.

Anos mais tarde, quando fui baleado por Jesus, a minha mãe veio – todo o caminho da Rodésia – com a mesma história de que eu tinha sido baleado por causa do dinheiro do seguro de vida, e que Lina era cúmplice do pai. Que seguro? Eu não tinha nenhum seguro! A minha mãe não desistiu da história e quando regressou à Rodésia foi novamente consultar uma vidente. Daquela vez ela enviou pelo correio cinzas queimadas – muti, o que os curandeiros da terra chamam de remédio – mas deitei fora aquela porcaria juntamente com o envelope.

"AGORA SABES POR que é que não acredito nessas coisas", diz Víctor, referindo-se a místicas ou a cartomantes. Nesse ponto ele concordava com o pai, embora, anos mais tarde, tenha consultado uma depois do choque da morte de um filho. À medida que Víctor fala sobre o pai, parece que eles têm mais em comum do que ele próprio admite. Também é evidente que Víctor admira o pai. Ele mesmo o diz: "Eu admirava o meu pai."

Augusto Rebelo era um homem cheio de recursos, desenrascado e decidido, qualidades que Víctor herdou do pai, mas o seu centro de interesse era tanto ter o tempo de que precisava para atividades agradáveis, como ganhar dinheiro para viver. "De facto, ele não tinha um foco na vida, nunca estabeleceu uma meta a atingir," argumentaria Víctor. Um exemplo do seu expediente foi a maneira como resolveu o problema de levar a sua jovem esposa ao trabalho. Em Alvalade, Libânia tinha de andar para apanhar o elétrico. Se ela estivesse atrasada, pedia a Augusto – que talvez estivesse com uma ressaca, ou estivesse a fazer turnos de noite e estivesse a descansar, ou quisesse simplesmente fazer sorna – para lhe dar uma boleia parte do caminho. Pois Augusto teve a ideia de pedir a um amigo que desse essa boleia à mulher. Libânia não podia entender aquele procedimento. Isto passava-se em Lisboa, nos anos 60, altura em que a sociedade era altamente patriarcal e conservadora. Não era aceitável que uma mulher ficasse sozinha na companhia de outro homem, e algumas levavam uma tareia caso se atravessem a isso. Apesar de haver fortes evidências do contrário, ela interrogava-se, muito admirada, da possibilidade de ele ser homossexual em segredo ... e se a estava a impingir de bandeja ao amigo. Afinal de contas, ele preferia passar o tempo com os amigos, e quando Nelito nasceu não passava tempo nenhum na companhia da mulher. Mas Augusto era demasiado heterossexual, como ficaria provado numa noite fértil em acontecimentos.

Era um negócio bastante delicado fazer cobranças particulares à margem do serviço da polícia. Também era ilegal. Augusto tinha, finalmente, conseguido um trabalho como motorista de um dos capitães, trabalho que se harmonizava perfeitamente com ele. Não se tinha saído muito bem a policiar os passeios e os comerciantes ilegais que ali montavam as suas bancas. O problema é que ele sentia empatia por essa gente, compreendendo perfeitamente que os vendedores ambulantes tentavam desesperadamente possuir o necessário para alimentarem e alojarem as suas famílias. A sua clemência significa que ele falhou tristemente os requisitos básicos do seu trabalho: manter as leis tal como tinham sido estabelecidas pelo governo. Com o seu trabalho em risco, ele depressa se candidatou a outra posição e teve a sorte de a conseguir. Era uma regalia porque ser motorista do capitão não era muito exigente, mas a desvantagem é que não era bem pago. Embora a atribuição de um apartamento do estado significasse que ele, finalmente, tinha uma casa para toda a família, significava também que tinha mais uma boca para alimentar. Embora Libânia contribuísse com algum dinheiro, Augusto fazia um grande esforço para satisfazer todas as necessidades da família.

Naquela noite Augusto sentia-se feliz porque tinha cobrado uma avultada soma em dinheiro. Era caso para celebrar, e que maneira melhor do que engatar os serviços de uma prostituta. Duas mulheres, como veio a ser, porque

um homem não vai para a cidade sozinho – não se de facto
vai haver negócio –, por isso foi com um amigo, que por
coincidência chamava-se também Víctor. Claro, era ilegal
pegar prostitutas, e o que aconteceu a seguir provavelmente pareceu ser correto aos dois homens. Augusto
fingiu ter dificuldade em pôr o carro em movimento, e ele
e o amigo disseram às duas mulheres para saírem do carro.
"Empurrem, vamos pôr isto a trabalhar," disseram para
encorajar as prostitutas. Quando as mulheres se dirigiam
para a parte de trás do carro, o carro milagrosamente
voltou à vida, deu um pulo para a frente e os dois homens,
a rir, aceleraram e foram-se embora, contentes por o
truque ter dado certo. Não pagar às prostitutas não era
somente aceitável, significava que lhes tinham pregado
uma partida – isto é, se conseguissem safar-se.

Ainda bem disposto quando chegou a casa, Augusto
estendeu a mão para o saco do dinheiro da cobrança. Mas
tinha desaparecido, e em segundos toda a sua felicidade se
evaporou. As pessoas a quem tinha cobrado as contas não
eram conhecidas pela sua compreensão. Se ele perdesse o
dinheiro, na melhor das hipóteses teria de repô-lo do seu
próprio bolso. Ele nem se atrevia a pensar nas outras
opções. Em pânico, confessou a Libânia que tinha perdido
o saco do dinheiro. A discussão em voz alta acordou
Víctor, que ouviu a mãe a telefonar para a amiga, a
médium ou cartomante. "Que disparate!" gritou Augusto.
"Essas gajas não sabem nada!" E Augusto saiu porta fora
mesmo antes de Libânia ter acabado a conversa e
desligado o telefone. Víctor continuava deitado e
espantado com o que estava a acontecer.

Augusto voltou 'à cena do crime, ou crimes',
interrogou um guarda que lhe disse onde as mulheres
viviam. "Não somos estúpidas," disseram-lhe quando ele
as localizou. "Pensas que não conhecemos esse truque tão
velho?" A história talvez tivesse tido um fim diferente se

elas tivessem aberto o saco, mas devolveram-no intacto em troca da quantia que lhes era devida. "Tem mais cuidado quando quiseres outra vez putas," gritou uma delas.

Realmente, ele tinha de ser mais cuidadoso, mas ele não sabia para onde se virar, era o seu último recurso. Para juntar à sua pouca sorte, a boca extra que tinha de alimentar era bastante grande, porque o seu filho de onze anos estava a crescer muito depressa.

***

Víctor passava grande parte do tempo no rio. Entre os navios que passavam havia os ocasionais veleiros, com as velas ondeando nos múltiplos mastros, pois ainda havia alguns que passavam pelas águas do Tejo de visita a Lisboa. Durante séculos, era nesses barcos que os portugueses viajavam para as colónias, e a marinha ainda se servia e serve desses elegantes barcos como navios escolas e de treino no mar. No entanto Víctor não lhes prestava nenhuma atenção especial, porque as docas eram um lugar movimentado e fascinante. Localizavam-se perto do seu novo lar e muitas vezes visitava-as com Nelito. Quando os irmãos desciam até às docas, o rio era o mesmo tal como se tinha mostrado durante gerações. Ali era largo, juntando-se ao mar ao longe, na distância, e alguns dos barcos mais pequenos podiam navegar a montante até às cidades ou vilas do interior, situadas nas margens do Tejo, ou sair pela foz em direção aos longínquos continentes.

Nelito conhecia a área e passavam tempo juntos, finalmente procurando conhecer-se melhor, e explorando. Viram homens a descarregar enormes sacos de juta ou cânhamo cheios de bacalhau salgado e bacalhau defumado, o alimento básico de muitos pratos portugueses. Parecia fácil a maneira como levantavam e carregavam os sacos às costas e os empilhavam de lado, no cais.

Um dia os dois rapazes aproximaram-se de um dos homens e propuseram: "Se pudermos carregar um desses sacos, podemos ficar com ele?"

"Claro, rapazes," o homem riu-se. "Se entre os dois conseguirem carregar aquele saco, podem levá-lo para casa!"

Víctor era grande para onze anos, e Nelito era ainda maior. Ambos se imaginavam muito fortes, e sem dúvida eram. Cada um deles pegou nas pontas do saco, tentaram levantá-lo com toda a força, mas caíram com o peso do bacalhau. Em retirada, olharam com novo respeito para os estivadores que riam. Era mesmo preciso muita força para carregar e descarregar sacos como aqueles, um a seguir ao outro, e dar a impressão de ser tão fácil!

Um dia Víctor viu um drama desenrolar-se quando um conjunto de jovens embarcava num navio de passageiros, deixando as famílias no cais. Naquele dia, os soldados iam para Angola e ele perguntou a si próprio se alguns seriam herois como Nero, o grande cão dinamarquês. As mães dos jovens não estavam certamente tão otimistas e choravam tristemente, porque sabiam que muitos não regressariam. Em nada teria ajudado se soubessem que treze anos a partir de 1961, pelo menos dez mil soldados morreriam em inúteis guerras coloniais.

A política portuguesa referente aos territórios que referia como províncias em África era oposta às mesmas políticas da Grã-Bretanha, França, Bélgica e Holanda. Estes países, potências coloniais provavelmente mais fortes, tinham achado possível substituir as relações informais de neocolonialismo pelo atual estado de coisas, e tinham começado a descolonizar nos anos 50. Contudo, Portugal não estava preparado para renunciar às riquezas naturais das suas províncias ultramarinas. Mas os ventos mudavam, e era inevitável que trouxessem a alteração das políticas internacionais. Em 1961, ano em que Víctor contraiu difteria e teve o primeiro contacto com a morte, cerca de quatrocentos e cinquenta anos da presença de Portugal na Índia chegaram a um fim violento. A este acontecimento seguiu-se pouco depois a eclosão das guerras de libertação nas colónias portuguesas de África.

A maior parte das famílias que Víctor viu reunidas no cais pouco sabiam do enorme custo envolvido com a defesa das colónias em África, mas sentiam-no nos seus íntimos e nos seus corações, e o povo sentia-o na opressão cada vez maior. Aqueles jovens soldados contavam-se entre os oitocentos mil que Portugal mandou para lutarem em guerras que não podiam ser ganhas na Guiné-Bissau, Angola e Moçambique. Terá algum daqueles rapazes integrado as estatísticas dos quatro mil que seriam estropiados, ou as dos cem mil que seriam feridos? Muitas mulheres estavam vestidas de negro, enlutadas pela perda dos seus queridos filhos mesmo antes de eles deixarem terra.

Um jovem, desperado no sentido de evitar uma luta por uma causa em que não acreditava, saltou pela borda fora à vista do amontoado chocado no cais. Ele não sabia nadar e por isso morreu afogado – preferindo a morte à renúncia dos seus princípios.

Ao testemunhar aquele suicídio, mas sem ainda compreender o motivo subjacente, o desejo de aproveitar o máximo da vida foi ainda mais reforçado na mente do Víctor Rebelo de onze anos. E ele faria qualquer coisa, ao alcance da sua capacidade de menino, para realizar esse desejo.

6

Ventos de mudança

Como já disse, a mim parecia que o meu pai não fazia planos para o futuro. Ele ia com o vento e, como todos sabem, não se pode mudar a direção do vento. Mas se soubermos como, podemos ajustar as velas, e navegar na direção que desejamos se soubermos para onde queremos ir. O problema que se punha é que toda a gente que conhecíamos estava no mesmo barco e sabia tanto como os outros sabiam. Como é que se pode expandir o nosso conhecimento por associação com pessoas que nada mais sabiam, que não sabem mais do que nós?

Eu era apenas uma criança, mas interiorizava tudo. Ouvia as pessoas adultas a discutir as suas dificuldades, a falar sobre assuntos de que não podiam falar abertamente em público. Tinham medo, mas eu não podia perguntar nada. As pessoas hibernavam, ficavam inativas com receio de exteriorizar o que pensavam, o que tornava maiores os problemas mais insignificantes. Por exemplo, não há muito tempo, o povo em algumas aldeias tinha canais para distribuição de água. Toda a gente tinha um tempo estabelecido para usar a água, por exemplo, meia hora ou coisa assim. Se alguém ultrapassasse o limite em cinco minutos ou mais, os vizinhos ficavam aborrecidos. Uma vez um homem foi morto por ter usado a água demasiado tempo, e outro agrediu o próprio filho. Imagina, por causa de algo tão insignificante como apenas uns minutos mais de acesso à água, um homem matou o próprio filho com uma espingarda.

"O TIO EDUARDO TINHA um objetivo na vida," diz Víctor. "Ele começou como um operário numa empresa de serviços por cabo e subiu até ao topo." Eduardo Rebelo era diferente do irmão Augusto, visto que acreditava nos estudos para ir mais longe na vida. Quando Víctor tinha dez anos, o tio Eduardo tinha já avançado para uma categoria superior, já tinha as habilitações necessárias, mas continuou a estudar. Ele conseguia tempo livre para os seus estudos, encontrando-se com os amigos no café. Quando tinha trinta e poucos anos, Eduardo estava a subir a escada económica e movia-se já em círculos mais elevados do que os da família. Muitas coisas causavam admiração a Víctor, nomeadamente porque ele dava dinheiro ao sobrinho para se ver livre dele quando estava no café local com os seus amigos. A última coisa de que precisava é que Víctor fosse um pendura todo sujo e descalço.

"Era como se ele fosse um indivíduo da alta sociedade," diz Víctor. "Quando éramos mais velhos e ele tinha visitas, lembro-me que obrigava a sua própria mãe a sentar-se na cozinha. Talvez a mulher fosse a instigadora disto." Não ocorre a Víctor que talvez fosse a Avó Beau que preferisse este arranjo, pois concorda com a opinião geral de que Eduardo se imaginava superior e melhor do que o resto da família. Era um ponto fraco que podia ser explorado, e Víctor, de propósito, esforçava-se por estar mais sujo do que o costume quando cumprimentava o tio Eduardo em frente aos seus bem vestidos e inteligentes amigos. Ele não ia descalço de propósito, mas porque calçava os sapatos só para ir à igreja e em ocasiões especiais. Os sapatos eram caros, e ele já tinha apanhado uma boa sapatada por os ter raspado a jogar futebol. O tio Eduardo metia rapidamente a mão no bolso e tirava umas moedas para o rapaz – algumas vezes tinha de meter a mão no bolso mais do que uma vez ... e quando Víctor achava que era o suficiente, ia-se embora.

O miúdo andava atrás do dinheiro, não do afeto ou da companhia do tio! Mesmo assim, o tio Eduardo foi um exemplo interiorizado pelo garoto. Ele era a prova de que as pessoas podiam estabelecer o curso das suas próprias vidas. Na mente de Víctor aparecia indistintamente a perceção ainda não verbalizada que a morte é inevitável, e ele estava resolvido a tirar o melhor partido dos dias que tivesse ao seu dispor na terra.

***

A habitação social que Augusto tinha conseguido para a família era perto de uma zona onde as pessoas viviam em barracas. "Um dos amigos do meu pai vivia lá, e um dia disse-nos que, uma noite, tinha ouvido uma criança a gritar. Quando foram ver o que se passava, descobriram que um rato tinha roído a orelha da criança." Uma lenda urbana conhecida (já se ouviu falar de casos destes em bairros da lata em todo o mundo), mas Víctor tem a certeza de que se lembra desta história e que ouviu o pai contá-la. Ele lembra-se de outra história e conta-ma: "As barracas eram tão perto da rua que as pessoas saíam pela porta e punham logo o pé na rua. Algumas barracas eram construídas no que devia ser o passeio e as pessoas que lá viviam era claramente pobres. Um pai dava uma tareia ao filho, mas o miúdo tentou fugir. Correu pela porta fora e direito a um carro que passava. Foi morto." Víctor fez uma pausa, baixando ligeiramente a cabeça como se fosse um sinal de respeito pelo rapaz que fora seu contemporâneo. "Os homens eram os reis e a maior parte das vezes as mulheres e as crianças ficavam abandonadas à sorte, entregues a si próprias e destinadas a manterem-se a si próprias," continua ele, não se referindo somente aos habitantes das barracas. "Era o que o governo queria. O governo queria que o povo fosse ignorante, sem instrução, lutando para sobreviver. Assim era mais fácil dominá-lo, como se todos fossem carneiros."

O pai de Víctor também tentava desesperadamente sobreviver. E ele lutava uma batalha condenada à derrota. Talvez muitos como ele, embora soubessem pouco das maquinações políticas de Salazar, não ficassem surpreendidos se soubessem que Portugal, nos anos sessenta, era um dos países mais pobres da Europa. O Estado Novo do primeiro-ministro e ditador de Portugal tinha resistido, durante décadas, às tendências modernas europeias. Como acabou por se verificar, em termos de progresso e modernização, nos anos sessenta Salazar lutava também uma batalha de antemão perdida para evitar o progresso e a modernização. No sentido de suportar os enormes custos dos conflitos coloniais, o fomento da industrialização proporcionou a Portugal o segundo mais rápido crescimento económico da Europa, apenas ultrapassado pela Espanha de Franco[6], cuja industrialização também começou de fundações fracas.

A maioria da população – especialmente pessoas como aquelas que viviam nas barracas – pouco ou nada recebiam do súbito desenvolvimento da economia. Porém não quer dizer que não houvesse benefícios. As precoces observações de Víctor quanto à divisão do mundo entre os ricos e os pobres era bastante exata, embora ele não tivesse maneira de saber quanto é que muito poucos tinham. Numa economia financeira-industrial sobretudo monopolizada por um pequeno grupo de famílias, Portugal vangloriava-se que os cinco mais ricos portugueses tinham fortunas maiores do que os seus homólogos britânicos. Claro que não era novidade, pois que a revista Time, em 1942, tinha já noticiado que, na lista hierárquica de riqueza mundial, Alfredo da Silva era o sexto homem mais rico do mundo.

Acompanhando a retoma económica, os camponeses iam em grande número das áreas rurais para as urbanas, tal como os avós de Víctor. Lisboa e Porto eram as áreas que atraíam a maior migração interna do país naquela altura, e os esforços do governo para providenciar habitação eram lamentavelmente inadequados. Os avós de Víctor tinham tido sorte por terem sido incluídos na lista de alojamento em Alvalade. Para a maior parte dos migrantes, sem terem sido capazes de achar acomodação de baixo custo, e sem terem tido a sorte de a obterem através do inadequado programa de habitações económicas, a opção era construir barracas. A resultante onda de bairros da lata na periferia de Lisboa foi grandemente ignorada por Salazar, particularmente quando os seus habitantes cumpriam as normas. Construir estruturas que parecessem

---

[6] Franco foi um general espanhol que governou Espanha como um ditador militar a partir de 1939, depois da vitória nacionalista na Guerra Civil de Espanha, tendo dirigido até à sua morte, em 1975.

permanentes atrairia a atenção e seria convidar as autoridades a deitá-las abaixo, com tudo aquilo que estivesse perto em posição vertical. E assim surgiram as barracas, com as pessoas a fazer o melhor que podiam com os materiais e meios de que dispunham.

"Os ciganos também viviam nas barracas," diz Víctor, "a quatro quarteirões dos apartamentos da polícia em Alvito." Víctor tinha ouvido contar histórias sobre como os ciganos, os Romani, viviam. Uma comunidade marginalizada desde que chegou a Portugal na segunda metade do século XV até ao presente, encontrava-se frequentemente nas periferias dos centros urbanos. Tão pobres como as pessoas que viviam nas barracas, tinham ainda menos oportunidades de ganharem dinheiro por serem discrimi-nados no mercado de trabalho. Talvez seja por isso que se acreditava que faziam qualquer coisa por dinheiro. "Eles não se preocupavam," diz Víctor, "e comiam qualquer coisa. Soube-se do caso de os ciganos terem feito chouriço de carne de burro." Atenção, não quaisquer burros, mas de cadáveres de burros mortos que os ciganos exumavam. Deve ter havido um atraso em desenterrar um ou dois burros, porque quando o chouriço fez mal a várias pessoas eles foram descobertos. Talvez pensem também que é uma lenda urbana, como a história do rato que mordeu a orelha de uma criança. Sabem que na China a carne de burro não é apenas considerada um deleite, mas é também tida como altamente nutritiva e de baixo teor de gordura? Talvez algum cigano oportunista, sem dinheiro para comprar ingredientes, tenha descoberto a oportunidade – esperemos que recente – de desenterrar burros como um golpe de sorte, mesmo como uma benção divina. A mensagem da história é que os ciganos eram, duma maneira geral, desprezados, ao passo que os habitantes das barracas estavam apenas a um degrau ou dois mais elevados na escada social do que os ciganos.

Um crescente grupo de pessoas iria provar ser muito incómodo para o regime de Salazar. Enquanto os ciganos, o incómodo das barracas e a população rural eram, de certo modo, fáceis de lidar e dominar, a nova classe social de operários urbanos crescia rapidamente. Era uma consequência do desenvolvimento industrial que Salazar não pudera evitar. Nos anos sessenta os portugueses eram considerados os mais oprimidos da Europa. Os intelectuais e a geração dos mais novos estudantes e operários tornavam-se agitadas e muito menos provável de se manterem politicamente doceis.

Augusto Rebelo não tinha inclinação para ser politicamente ativo, mas havia conversas – se bem que dentro de portas – das desigualdades e opressão que só os loucos e os loucamente ricos não viam. As conversas em público que pudessem ser consideradas subversivas ao regime político eram impossíveis, e chegavam a ser mesmo perigosas entre algumas famílias e amigos. Isto era por causa dos bufos que ouviam às escondidas e depois iam denunciar as pessoas, isto acontecia em toda a parte. A polícia secreta, Polícia Internacional e de Defesa do Estado, ou PIDE, tinha vastos poderes legais para levar a cabo o mandato de estripar a subversão, situação que generalizava o medo de discutir em público assuntos políticos. A somar a isto, o Conselho de Censura, desdobrado em muitos censores junto de jornais, revistas e editoras, impedia rigorosamente a publicação de quaisquer assuntos e factos que pudessem parecer ser contrários aos interesses do regime, e assim nasceu uma população com a aceitação mental de que, por medo, era preciso manter-se silenciosa. Esta era uma atitude generali-zada – que abrangia as velhas gerações, como as dos avós de Víctor, e as novas gerações, como as dos filhos, incluindo netos – de que não se podia nem devia falar.

Era nessa atmosfera de crescente pressão da classe dos trabalhadores de Portugal que Augusto Rebelo tentava ganhar dinheiro para ele e para a família. A única lição aprendida com o incidente das prostitutas e o saco de dinheiro desaparecido era não perder o saco de vista. Continuou com a atividade proibida de cobrança, apesar do risco que corria de perder o emprego que lhe pagava a renda e comprava os alimentos, mas que ainda não era o suficiente. Mas ele era uma pessoa desembaraçada e meteu-se-lhe na cabeça realizar alguma produção textil em casa. Conseguiu angariar a quantia suficiente (a pedir esmola e emprestado) para comprar um tear velho. Naquela altura era uma indústria em expansão e Augusto tinha encomendas garantidas de uma empresa que estava sobrecarregada de trabalho, que não só precisava dos tecidos mas também de peças de vestuário prontas a serem vendidas, e assim arrastou a mulher para o corte e costura. Libânia era uma desenhadora com talento natural e começou a trabalhar a tempo inteiro no novo negócio. Havia tanto trabalho que, por sua vez, arrastou Lurdes, a sua cunhada, para ajudar. Quando podia, Augusto trabalhava entre os turnos, mas eram as mulheres que trabalhavam noite e dia para cumprir os prazos, as máquinas amontoadas num quarto do apartamento. Uma vez por semana entregavam as roupas prontas a vestir e recebiam o pagamento.

"O que elas recebiam era uma insignificância," diz Víctor, "mas era mais do que tinham tido até aquela altura. Era o suficiente para comprar alimentos." Pelo menos algumas vezes, e não era o tipo de comida a que Víctor estava habituado. Num país conhecido pelos deliciosos pratos de fazer crescer água na boca, como os de frango e de marisco, os pregos e o omnipresente bacalhau, os Rebelo só se alimentavam das partes não aproveitadas das reses. O prato favorito de Augusto Rebelo era bofe guisado com batatas cortadas aos quartos. Víctor detestava-o: "Parecia que estava a mastigar uma esponja." Ele aprendeu a comer o que lhe punham à frente, porque o pai não o deixava comer nada até ele acabar o que estava no prato.

Deste modo Víctor ficava contente quando ele, o irmão e o pai se aventuravam a ir pescar à noite. Com algumas sandes para matar a fome, sentavam-se na borda das docas, à espera de uma dentada na cabeça do peixe espada que tinham lançado à água. Frequentemente, a sua pesca era transformada por Libânia num prato delicioso. "A minha boca enchia-se de saliva a caminho de casa só de pensar no caril de caranguejo da mãe," recorda Víctor.

Quando o carniceiro entregava ocasionalmente os quartos traseiros ou um porco inteiro, a família comia bem. Também podiam distribuir vinho ou outros produtos, uma das regalias de um trabalho de manutenção da ordem pública. Quando Augusto deixou a posição de motorista para patrulhar o desenvolvimento do sector privado, bem depressa aprendeu como ganhar um pouco de dinheiro extra. Evidentemente ele só fazia o que os outros polícias faziam, ele apenas ia com a corrente. Muitos açougueiros habituaram-se a dar generosamente carne aos polícias quando não podiam ter a origem da carne certificada, poupando assim de ser incinerada uma carga de camião. Aceitar subornos acompanhava o serviço, mas essas sortes súbitas e inesperadas eram irregulares e Augusto e Libânia Rebelo foram muitas vezes para a cama sem comer, por terem dado o pouco que havia aos filhos.

"Vem cá Víctor, vai comprar pão," dizia Augusto dando ao filho algumas moedas. "Se não chegar, diz ao maneta, o padeiro." Geralmente faltava dinheiro – ainda que um ou dois centavos – e Víctor garantia ao padeiro que o pai iria pagar o resto no dia seguinte. Era tudo muito bonito, mas era Víctor que tinha de enfrentar o padeiro. "Com a minha mãe e o meu pai as coisas eram sempre escassas. Eles eram geralmente um pouco caóticos." Enquanto Augusto lutava em vão para estabilizar as finanças, Víctor fazia frente a um mundo que se tinha virado de pernas para o ar. Sem se dar conta, ele seguiria as pegadas do pai, pronto a criar o seu próprio descontrolo, embora fosse a última coisa que queria fazer. As experiências dos seus onze anos de idade teriam consequências duradouras nas suas escolhas nos anos que se seguiram.

7

O que vem fácil, fácil vai

As pessoas só se sentem à vontade com as pessoas que conhecem e escolhem o caminho do dinheiro fácil, sem terem a consciência de que será sempre um caso de o que vem de maneira fácil, também se vai de maneira fácil. Eu rebelava-me porque sabia onde queria chegar, mas não sabia como chegar lá. A única coisa que sabia era como fazer dinheiro. Eu descia às docas e ajudava as pessoas a transportarem as bagagens, engraxava sapatos, ou ia visitar o tio do meu pai que era o encarregado de uma capela. Ele pensava que ia vê-lo por gostar dele, mas não era assim, não quer dizer que me interessasse por ele. Percebes, aquele velhote estava cheio de dinheiro. Ele recompensava-me com bom dinheiro por ser um bom rapaz e visitá-lo. Para mim, o bagaço[7] estava em primeiro lugar. E talvez seja por isso que hoje não gosto de dinheiro, porque

---

[7] Bagulho.

descobri muito cedo como era fácil gastá-lo.

ENQUANTO AUGUSTO DESCOBRIA que o dinheiro podia desaparecer tão depressa como vinha, Víctor tinha a sua própria experiência sobre quão depressa o dinheiro podia voar. Quando ele se mudou para casa dos pais, matricularam-no na escola próximo de casa, a Francisco de Arruda, que ele detestava. Não havia Senhor Dias para acompanhar depois do almoço, nenhum professor perdia tempo ou tinha paciência para ele. Ninguém parecia importar-se com ele. Tal como em casa, ele não se enquadrava na escola. Era o estranho, o desordeiro. "Suponho que eu era uma praga," comenta agora. "Até engoli uns grampos de aço inoxidável na aula de desenho. Depois queixei-me que me doía o estômago e quando me tiraram uma radiografia acharam os tais grampos. Ganhei uns dias em casa."

Convinha a Víctor que os pais estivessem demasiado ocupados para prestarem atenção ao que os filhos andavam a tramar. Ele podia vaguear à vontade pelas ruas e achar maneiras de satisfazer a sua crescente necessidade de dinheiro. Perto dos blocos residenciais da polícia estava em construção uma nova ponte – a Ponte Salazar. Víctor tornou-se amigo de alguns operários que demoliam casas na área, indo a correr às lojas para comprar alguma coisa, e geralmente prestando-lhes favores. Isto deu-lhe livre acesso aos locais da construção, onde ele tirava do entulho os tubos que tinham sido deitados fora. Estes tubos eram feitos de chumbo e podia vendê-los por bom dinheiro no ferro velho. Nem as casas dos seus amigos escapavam. Mas ele era suficientemente sensato para roubar apenas uma vez de uma determinada casa, tirando o tubo de descarga (que era também de chumbo) do lavatório da casa de banho. A perda do tubo seria descoberta quando os pais dos amigos voltassem do serviço, e Víctor contava com o facto de ser considerado o último suspeito do roubo. Afinal ele era apenas uma criança, agradável, amiga, e respeitosa.

Muitos dos operários com quem Víctor fez amizade viviam em barracas, não as barracas perto dos apartamentos da polícia, outras barracas muitas vezes bastante longe. Ao aproximar-se a hora do almoço, as mulheres vinham trazer os almoços em embrulhos ou cestos que algumas traziam à cabeça. Víctor ficava fascinado ao vê-las retirar as camadas de jornal que mantinham a comida quente no longo caminho de casa até às obras, e depois pôr a comida e algum vinho à sombra. Tudo cronometrado ao minuto para que tudo estivessse pronto para o afortunado marido no momento em que ele largasse o trabalho. Quando os homens vinham almoçar, as mulheres sentavam-se a uns metros de distância, à espera. Víctor viu este ritual repetidas vezes, perplexo com a distância entre pessoas que, muito provavelmente, eram marido e mulher. Tanto quanto ele pode dizer, nem uma única palavra era trocada entre a mulher que tinha amorosamente – imaginava ele – preparado a magnífica refeição, e a tinha trazido cuidadosamente de muito longe para que o seu homem a consumisse. Pelo menos ele não ouviu pronunciar nenhuma palavra de gratidão ou de apreciação, mas havia repreensões para a mulher que chegasse depois do intervalo do almoço, ou para aquelas que não tinham conseguido manter a comida quente. Os homens comiam em silêncio e quando acabavam voltavam ao trabalho, sem um obrigado, e as mulheres embrulhavam tudo outra vez e iam-se embora.

Algumas vezes ele fazia gazeta à escola. Num dos dias em que estava "doente", convidou uma amiga para uma xinxada. Ele tinha escolhido uma quinta perto como alvo do "ataque", e conduziu a amiga ao pomar. Educadamente, ajudou-a a subir para cima do muro e ele, atleticamente, saltou para o outro lado. Teria sido mais impressionante – e se a menina estivesse inclinada a impressionar-se com tais demonstrações – se ele não tivesse caído em cheio numa colmeia. "Bom, não é preciso dizer que, num relâmpago, as abelhas me atacaram!" Apesar disso, ele lembra-se de ter educadamente ajudado a menina a descer do muro antes de cada um deles correr para a sua casa. "Acredita em mim, aquelas abelhas sabiam quem era o culpado, a menina não teve nem uma ferroada. Nem uma!" Quando chegou a casa, a cabeça de Víctor estava tão inchada que parecia um balão. Por sorte a mãe estava em casa, e, depois do susto inicial, tratou-o com o remédio caseiro: fatias de batata crua. Ela também chamou o médico que lhe deu parte de doente por mais uns dias.

Quando voltou à escola, não foi por muito tempo. "Eu fui expulso, o que me agradou porque tudo o que eu queria era sair e ganhar dinheiro." Para Víctor, a escola era uma perda de tempo. Naquele tempo não havia leis a regular a idade em que cessava a escolaridade obrigatória. Assim, aos onze anos, ele estava livre para procurar trabalho.

E assim o fez, como moço de recados e de entrega de serviços para Hilário Alves, oculistas no centro da cidade. O seu trabalho era ir buscar e entregar óculos, a pé ou de elétrico. Claro que Víctor preferia o elétrico, não por causa das muitas colinas íngremes de Lisboa que teria de subir e descer, mas principalmente porque podia ficar com o dinheiro, pendurando-se do lado de fora com os outros penduras. Era perigoso, não só por causa da velocidade dos elétricos, mas também por causa da circulação dos automóveis, que passavam perigosamente perto nas estreitas ruas da cidade. Muitas vezes o revisor conseguia atravessar o elétrico lotado para dar uma pancada nas mãos de Víctor, mas ele aprendeu a saltar do elétrico em andamento, inclinando o corpo para trás na direção oposta à que o elétrico viajava. Naturalmente, se ele tivesse escorregado na calçada num dia de chuva, esta história talvez não tivesse sido escrita. Ele não escorregou, e até descobriu outra maneira – e mais excitante – de viajar de elétrico. Na parte de trás do veículo havia uma janela pequena, mas alta – de vidros que subiam e desciam e estava quase sempre aberta –, que impediria o guarda-freios de chegar aos malandros empoleirados na grade atrás, no elétrico, um pouco acima do chão. Mas um revisor estava decidido a fazer sair as pestes detrás do elétrico. "Seus filhos da mãe!" O revisor bateu com o furador dos bilhetes nos dedos alcochetados à meia janela. Mas Víctor tinha aprendido um truque, e deu um sacão à corda de cabedal ligada ao cabo aéreo, fazendo o elétrico parar bruscamente. O pior para o pobre revisor era quando Víctor largava o fio, este saltava e subia voando, soltando-se do cabo aéreo fornecedor de eletricidade. No meio do crescente caos do tráfico, com os elétricos a pararem bruscamente atrás deles e carros empilhando-se, o guarda-freios forçava a passagem para as traseiras do veículo furando através dos passageiros desnorteados. Levava-lhe apenas alguns momentos agitados para orientar o fio para que a roda fizesse o contacto preciso com o cabo de eletricidade, enquanto os passageiros gratuitos se escondiam em frente, no passeio, e o gozavam durante todo o tempo. Quando o elétrico retomava o andamento, Víctor e os seus cúmplices de ocasião saltavam outra vez para o mesmo lugar e gozavam a viagem clandestina. Desta vez o condutor não lhes ligava.

À hora do almoço Víctor ia até às docas para ajudar com a bagagem os passageiros dos cacilheiros que atravessavam o Tejo. Apesar de ganhar dinheiro extra com as gorgetas, ainda metia ao bolso o dinheiro dos bilhetes do elétrico, e também conseguia comida grátis das tavernas e cervejarias da cidade. Ao longo das rotas de entrega dos óculos, chegava-lhe ao nariz o tentador aroma dos pregos temperados a serem fritos em enormes frigideiras antes da corrida para o almoço. Ele ficava a olhar pelas janelas de vidro, a lamber os lábios, até que alguém sentia pena e lhe dava um prego. "A maior parte das vezes dava resultado," diz Víctor, "e comi à borla muitas vezes."

Depois do trabalho no oculista, ele também ganhava dinheiro extra a entregar jornais. Um bónus dos ardinas era terem transporte público gratuito e Víctor aumentava os seus poucos centavos de lucro enganando o seu fornecedor. "Ele era um pouco pateta por isso eu dizia-lhe que só me tinha dado quinze jornais quando ele me tinha dado vinte." Durante um tempo conseguiu safar-se, mas ainda não era o suficiente para ele. Queria mais, e quando notou que a gaveta da caixa do oculista não estava fechada à chave, começou, de vez em quando, a surripiar dinheiro.

O pai tinha feito a mesma coisa: ele também tinha sonegado dinheiro de alguém. A fabricação de tecidos tinha-se esgotado, mas o negócio de costura dava dinheiro suficiente para comer. Era o dinheiro que Libânia e Lurdes ganhavam, não Augusto. O problema era que Augusto tinha tirado dinheiro do saco das cobranças e as pessoas que o tinham assalariado não eram do tipo de perdoar. Ele precisava de dinheiro vivo, em notas ou moedas, e precisava dele muito depressa.

"Tu não mexes naquele dinheiro," disse-lhe Libânia quando ele lhe pediu, "aquele dinheiro é para nós comermos." Ela era firme e não se deixaria levar com facilidade. Então Augusto surgiu com um esquema. Libânia iria comprar um fio de ouro ao joalheiro que dava desconto aos polícias, depois ela iria pô-lo no prego e o marido usaria o dinheiro para pagar o seu "empréstimo". Inicialmente relutante, comprou um fio caro, para evitar as consequências muito desagradáveis do marido não ser capaz de produzir a quantia que tinha tirado dos clientes. Durante algum tempo Augusto não se envolveu em problemas, mas antes de poderem pagar o fio (Libânia estava a pagá-lo em prestações), de repente o trabalho de costura acabou. A dívida estava em nome de Libânia e ela não tinha meios para a pagar.

Talvez Augusto Rebelo pensasse nestas coisas – a dívida 'por procuração', as preocupações sobre dinheiro e comida, e como desenrascar-se – quando um homem o parou na rua e lhe pediu lume. "Onde está a licença? Mostra-me!", disse o homem quando Augusto puxou o isqueiro do bolso. Isto era uma das vezes em que não adiantava ser polícia: pelo contrário, piorou a situação. Se fossem apanhados a usar um isqueiro, a multa para o pessoal militar ou do governo era o dobro da multa do simples cidadão. Augusto devia ter-se lembrado: usar em público um isqueiro sem ter a licença (que tinha de ser renovada anualmente) era tão perigoso como falar contra Salazar no mercado ou em qualquer outro lugar. Ele não podia sair facilmente daquela, e não tinha os quinhentos escudos para pagar a multa. E foi assim que, sem a licença anual para uso de acendedores e isqueiros, sem os meios para pagar a exorbitante multa, Augusto foi levado para a prisão. Durante dois dias teve muito tempo para refletir no facto de que a licença tinha sido introduzida para proteger a indústria nacional de fósforos, que há décadas era um monopólio estatal. Também não ficaria muito animado se soubesse que o maior quinhão dos fundos angariados com as multas ia diretamente para a Fosforeira Portuguesa.

Depois deste incidente, ouviu-se Augusto dizer (é claro, não em público, provavelmente nos almoços da família aos domingos) que preferia perder as pernas do que continuar a viver em Portugal. Ter sido preso por usar um isqueiro era o cúmulo para ele, e lançou-se a explorar as suas opções de emigração.

Ele teve sorte: tendo fronteira com Moçambique, a África do Sul estava ansiosa por atrair imigrantes e, de facto, facilitava a entrada de portugueses (brancos). Augusto precisava de um contrato, o que obteve muito facilmente, e em julho de 1966 foi-lhe concedida a residência para si e para a família. Claro que ele não tinha conseguido um trabalho como pintor, mas as autoridades sul africanas não analisaram o caso com muita atenção. Ganhavam outra família europeia e sentiam-se muito felizes por isso. Augusto tinha resolvido alguns dos seus problemas, e esperava escapar da sua vida dominada por dívidas em Lisboa. Havia, contudo, a questão de conseguir fundos para as passagens aéreas para a terra das oportunidades.

Víctor ia tornar a situação ainda pior. Ou a caixa não desviava os olhos dele, talvez alertada pelo défice na gaveta do dinheiro, ou era descuidada – talvez uma combinação das duas situações – mas um dia ela enfrentou-o. "Roubaste dinheiro?"

Víctor não podia mentir: "Sim. Roubei." E foi tudo: foi imediatamente despedido. A tareia que apanhou do pai manteve-o em casa durante semanas. "Eu podia ver que o meu pai se sentia deprimido, infeliz, aflito com falta de dinheiro" disse Víctor, "e eu tinha agravado a situação."

****

Tal como acontecia com outros emigrantes, o planeado era que Augusto partiria primeiro. Uma vez na África do Sul, procuraria um emprego de verdade e um lugar para a família, para que se juntasse a ele mais tarde. Conseguiu pedir dinheiro emprestado para a passagem de avião e voou para Joanesburgo, em outubro de 1966.

Mas a pressão aumentava, porque, a partir de 5 de

dezembro, quando Víctor fazia 12 anos, o preço do bilhete de avião duplicava. "Tinha de arranjar trabalho depressa para ajudar a pagar o bilhete de avião, e assim consegui outro emprego como moço de recados." Daquela vez trabalhava para uma loja do setor cosmético, e também ajudava no escritório com vários trabalhos. A proprietária era uma velha solteirona que tratava o seu enorme gato siamês como uma criança. E, outra vez, a gaveta do caixa ficava aberta e muitas vezes ninguém lhe prestava atenção. Incapaz de resistir à tentação, Víctor começou a tirar dinheiro, encorajado por a sua patroa não dar conta do que faltava. Semanas depois de ter começado a trabalhar, foi-lhe dada a tarefa de dobrar panfletos e de metê-los em envelopes. Ele odiava o gato, que insistia em esfregar-se nele ou sentava-se em cima da mesa em que ele trabalhava. Naquele dia específico ele sentia-se bastante irritado, talvez mais do que o costume. Em casa, com o pai ausente e a mãe a lutar para pagar as dívidas e poupar para os bilhetes de avião para a África do Sul, a tensão nervosa quase não se podia suportar. O gato estendeu-se ao comprido na secretária em que ele cortava os panfletos, Víctor afastava-o constantemente, até que perdeu a paciência, pegou na tesoura e cortou-lhe os bigodes. Todos. Para isso teve de agarrar o gato enquanto os cortava.

O pobre animal ficou maluco, saltou para o chão onde ficou a tremer, a esfregar o nariz no chão. Víctor nunca tinha ouvido um gato a fazer aquele barulho estranho, um ronco prolongado, nem a dona, que veio a correr ao ouvir aquele estranho som de aflição do seu bebé. Pegou no gato, tentando acalmá-lo, mas não conseguiu! Horrorizada, ela gritou: "O que aconteceu?"

"Não sei," disse Víctor. Era apenas parcialmente mentira, porque ele não sabia que os gatos precisam dos bigodes para avaliar a distância, e mesmo para "ver" os objetos à volta deles. Sem eles, ficam assustados e desorientados. É como tirar os óculos a uma pessoa míope, e também perturbar-lhes a audição para que percam o equilíbrio. Na sua aflição o gato tentou atacar a dona, que se refugiou, alarmada, na fábrica. Víctor estava quase tão assustado como o gato, e talvez por isso deixou ficar os bigodes na secretária. Pouco depois a sua patroa, chocada, encontrou-os e perguntou-lhe: "Cortaste os bigodes ao gato?"

"Sim, fui eu!", respondeu Víctor.

Não valia a pena negar – quem mais poderia tê-los cortado? Ela avaliou-o, a olhar para ele de maneira diferente: "E foste tu quem roubou dinheiro da gaveta?" Víctor não mentiu e a sua resposta foi "sim". Daquela vez a mãe de Víctor foi chamada e o dinheiro teve de ser pago naquele momento. Ele foi logo despedido e a mãe deixou-o de castigo. A pobre Libânia devia estar desesperada, sem saber o que fazer, porque agora tinha de pedir dinheiro emprestado para compensar a perda. E para completar a despesa dos bilhetes de avião, havia ainda a questão do suborno que era preciso pagar para que os bilhetes fossem emitidos um dia antes do seu delinquente filho fazer os doze anos.

Ajudou terem vendido toda a mobília e outros objetos, e estarem a viver com os pais de Libânia, no apartamento em que Víctor tinha nascido e passado a maior parte da sua vida. Não havia para ele grande consolação nisso, porque não só ia deixar a sua amada Avó Maria e o Avô Amorim, mas ia fazê-lo envolto numa mancha de vergonha. Mas, tal como o pai, ele era otimista e esperava deixar os seus problemas nas ruas de Lisboa.

São as pessoas que vivem numa cidade que lhe dão caráter, que transmitem vibração e atmosfera própria às ruas e cafés. Lisboa é o epítome da cultura portuguesa, com o seu misto de impermanência e um apegar aos valores tradicionais. Lisboa é uma cidade de migrantes, de exploradores e de turistas, mas é também um lugar de pessoas que ali deitam raízes, fortes e firmes. Muitas pessoas passam pela cidade, algumas passam apenas uma noite na sua rota para outros destinos, todavia outras famílias vivem nela há gerações. Quando Víctor deixou a cidade de Lisboa, ele esperava com antecipado prazer um futuro melhor no novo país. Mas Portugal nunca o deixaria, ficava-lhe no sangue. Alguns emigrantes voltariam ao país natal, mas para muitos, para aqueles que resolveram permanecer no país de acolhimento, seria completamente impossível cortar o cordão umbilical com a terra em que nasceram.

8

Uma nova comunidade

Embarcar no Boeing 707 foi melhor do que eu poderia imaginar. As lindas hospedeiras acolhe-ram-me afetuosamente e acompanharam-me para o interior do luxuoso avião. A atraente loura, a conversar, levou-me ao lugar. Eu não podia compreender uma palavra do que ela dizia, mas ela conduziu-me gentilmente, tocando-me no rosto. Quando ela roçou a minha orelha, senti um arrepio pela espinha acima. Estava apaixonado. Pouco depois de estarmos sentados, ela voltou com uma bandeja com doces e aquilo que eu pensei ser pastilha elástica em saquetas. Peguei numa, obedecendo à instrução da Avó Maria que se deve pegar apenas em um do que é oferecido. A loura sorriu largamente, falando e apontando para os outros doces, enquanto eu sorria até a minha boca ficar a doer para lhe mostrar que estava satisfeito com o que tinha tirado. Abanando a cabeça, então ela pegou numa mão cheia de doces e meteu-os nas minhas mãos. Vi-a repetir o mesmo com o Nelito e a Nelita. Quando abri a saqueta, vi que era uma toalhita húmida refrescante e não pastilha elástica, como pensava. Só então percebi o que tinha acontecido.

Todas as minhas preocupações desapareceram naquele mundo estranho e mágico. O avião só estava meio cheio, por isso todos nós pudemos dormir atravessados nos assentos. A loura tinha covinhas na face e o sorriso mais cativante que já tinha visto, e ela encarregou-se de tomar conta de mim e dos meus irmãos. Trouxe-nos brinquedos e jogos, sentando-se a meu lado para me mostrar como jogar. Eu estava no paraíso, um mundo de fantasia onde eu era o rei. Estava excitado com as novas aventuras que iria passar, mas uma parte de mim poderia ter ficado para sempre naquele avião. Quando chegou a altura de o deixar, a loura deu-me um abraço especial. Eu precisava dele, porque tinha chegado o momento de enfrentar o meu pai.

UMA QUANTIDADE DE despedidas chorosas tinha precedido o voo em Lisboa. Primeiro Víctor, a sua mãe, irmão e irmã despediram-se dos avós – de todos os quatro avós – em Alvalade. A geração mais velha estava especialmente chorosa, sabendo que havia a possibilidade de nunca mais terem outra vez, juntos, um almoço de domingo. Eles tinham razão. Víctor também disse adeus ao papagaio, o Xico, que não viveria muito mais tempo sem os cuidados de Víctor, a pessoa de que mais gostava. Os tios e as tias foram ao aeroporto, e derramaram-se mais lágrimas. Daquela vez Víctor estava dentro do avião que parecia roçar os telhados perto da casa da Avó Maria em Alvalade, e não do lado de fora a ver o avião a aterrar.

Não há dúvida de que Libânia Rebelo ficou zangada quando verificou que o avião não estava nada cheio — como lhe tinham dito — e ela tinha pago desnecessariamente um suborno maior para conseguir os bilhetes. Mas o que estava feito, feito estava, e a sua família estava em segurança a caminho de Joanesburgo, África do Sul, onde Augusto já tinha providenciado acomodação para eles. Ela tinha esperanças de que a vida fosse diferente no novo país, e que a situação financeira da família melhorasse.

Nos anos sessenta, certamente havia oportunidades na África do Sul; a economia estava em plena fase de expansão e os imigrantes com ofícios tinham facilidade em conseguir empregos. Havia, contudo, uma cláusula no país: os trabalhos que requeriam habilidades técnicas estavam reservados para os brancos. Este era o dilema que o partido nacional de então enfrentava: a falta de pessoal qualificado punha-o na posição de ou encorajar uma imigração em massa de europeus, ou levantar as disposições que impediam a contratação de pessoas de cor. Relutantes em oferecer oportunidades a operários negros a fim de que desenvolvessem as suas competências, as políticas de emigração tinham de ser abrandadas. O governo do apartheid preferia de longe imigrantes alemães e holandeses, que não só era mão de obra especializada, como também tinha a vantagem de ser facilmente assimilada na sociedade africander, mas não conseguiam atrair a quantidade de operários de que precisavam. A necessidade obrigou-os a abrir as portas aos anteriormente indesejados portugueses católicos, cujo principal atributo era serem brancos. A necessidade do governo sul africano de atrair imigrantes brancos coincidiu com o desejo de Salazar de encorajar a emigração, numa tentativa de solucionar a crise de desemprego. Salazar preferia que os portugueses se fixassem nas províncias ultramarinas, mas os generosos incentivos oferecidos não tiveram aceitação, particularmente devido às violentas revoltas naquelas províncias.

Os Rebelo estavam longe de ser os únicos na sua decisão de emigrar de Portugal, mas pertenciam à minoria que deixou o país tendo a África do Sul como destino. Mesmo assim, Augusto seguia os exemplos de muitos emigrantes ao escolher um país onde já havia uma comunidade de pessoas do seu país natal. Munido com uma morada e dez randes no bolso, aterrou em Joanesburgo cerca de dois meses antes da sua família. Os dez randes pagaram o taxi até a um cruzamento na Rua Jules. "É aqui perto," disse o motorista do taxi. Lembrem-se que isto era antes de haver sistemas de navegação por satélite, e talvez para não incorrer numa corrida de táxi que não podia pagar, Augusto preferiu deixá-lo.

"Ele tinha visto este café, ali, aquele que se chama Supermercado Bismillah," disse Víctor apontando, "naquela altura o dono era um português." Efetivamente, Gaspar, o prestável dono do café, não só conhecia o nome escrito no pedaço de papel que Augusto lhe mostrou, como também se ofereceu para o levar. "O Álvaro é meu cliente," disse a Augusto. "Conheço-o muito bem. A sua casa é perto."

A Rua Jules é comprida e direita, e desde 1966 tem visto pouco desenvolvimento. Naquela altura era o lugar ideal para quem quissesse comprar um carro usado. Era também o local ideal para ir caso fosse um novo imigrante português, por os bairros limítrofes abrigarem muitas famílias portuguesas. As casas eram pequenas, muitas delas geminadas, mas a maior parte estava cuidadosamente conservada. Augusto ficou com Álvaro e Gracinda até a sua família chegar, e foi através deles que encontrou o seu primeiro trabalho na África do Sul.

Quando se encontrou com a família, no aeroporto, ele não estava tão estabelecido como teria desejado. Teria sido melhor se tivessem vindo um ou dois meses mais tarde, mas havia pressão para a partida porque estavam a um dia dos doze anos de Víctor, e era preciso poupar dinheiro. Talvez porque estivesse tão inquieto com as finanças, ou talvez pela enorme pressão do tempo e incapacidade de providenciar bilhetes para a família – ou talvez por ambas as preocupações – Augusto só foi capaz de dar as boas vindas ao seu filho mais velho e à única filha, envolvendo-os em abraços afetuosos. Víctor, atrás, à espera, pensou ter visto uma certa reserva entre a mãe e o pai, mas atribuiu isso à aversão que os adultos têm de mostrar intimidade em público. Depois foi a sua vez. O pai olhou para ele e disse friamente: "Se eu estivesse lá teria metido a tua cabeça numa banheira cheia de água até que as bolhas parassem."

"Sim, senti-me culpado, esta foi a única razão porque não corri para ele. Não sabia o que ele iria fazer, mas nunca esperei que me saudasse daquela maneira. E sem sequer me dar os parabéns." A partir daquele momento, Víctor não teve dúvidas de que dependia dele próprio. No caminho do aeroporto para casa, agarrou-se à memória da mágica viagem de avião e da amável – ele atrevia-se a pensar, amorosa – hospedeira, deixando-se envolver na promessa de uma nova aventura naquele país estranho. Disse para si próprio que não tinha importância que o pai não lhe perguntasse porque é que ele fazia as coisas que fazia. Cabia a Víctor, agora com doze anos de idade, abrir o seu próprio caminho no mundo.

9

Construindo a vida em Denver

Naquele tempo o edifício principal do aeroporto de Jan Smuts era de tijolo vermelho, e tinha um restaurante mágico no topo. Nós não comíamos lá, geralmente trazíamos bolos que comprávamos numa pastelaria portuguesa. Sentávamo-nos na varanda coberta e ficávamos a ver os aviões a descolar e a aterrar. Eles paravam tão perto que até parecia que podíamos tocar no piloto.

Aos domingos, outras famílias portuguesas também iam passear até ao aeroporto, e encontrávamo-nos com elas. "Venham, comam um bolo," convidávamos nós. O governo sul africano, naquela altura, queria mais pessoas brancas, mas os sul africanos não eram amáveis. Assim nós esperávamos pelos imigrantes portugueses para os fazermos sentirem-se em casa. Não era um aeroporto grande, por isso algumas famílias reuniam-se na terminal, onde poderiam ver os passageiros que chegavam.

"Quem sabe, talvez hoje desembarque alguém que conheço," dizia o pai, "mesmo que seja alguém que tenha mandado para a prisão," e ria da graça. O pai cumprimentava toda a gente da mesma maneira, chamando-os Alfredo. Um domingo ele grita: "Ó Alfredo!" Só que, daquela vez, o indivíduo acena e responde. Acontece que o seu nome nem sequer era Alfredo, mas Matos, e ele estava à espera do novo patrão. Após um pouco de confusão, ele compreendeu que o pai não era o patrão de que estava à espera. O voo de Lisboa vinha por Angola, mas, como estava atrasado, o patrão já se tinha ido embora. O pai pegou o número de telefone que o Matos tinha, averiguou onde era o lugar, e, no dia seguinte, levou-o de carro até uma quinta em Kyalami.

QUANDO VÍCTOR REBELO aterrou no aeroporto de Jan Smuts, no seu décimo segundo aniversário, com os olhos a brilharem como estrelas do primeiro encontro com o amor, e de pernas a tremer com a perspetiva de enfrentar o pai, ele não fazia ideia de como um dia criaria a sua própria máquina de fazer dinheiro. Por um estranho capricho do destino, ele faria a sua fortuna com um negócio que tinha tornado conhecidos muitos imigrantes portugueses – embora o seu negócio fosse em maior escala – e incluiria a empresa que dirigia o aeroporto como um dos primeiros e maiores clientes.

Também não tinha ideia da receção e acolhimento hostil que esperava os imigrantes portugueses, especialmente nos bairros mais pobres da cidade de

Joanesburgo. O governo sul africano talvez se tenha endurecido para receber imigrantes de terceira classe – mas brancos, portugueses – para que fizessem seu este soalheiro país, porém muitos dos seus cidadãos africander que tinham de conviver com esses imigrantes sentiam-se infelizes. Esses mesmos cidadãos, provavelmente, ignoravam a extensão da exploração portuguesa em África, muito antes deles, mas se soubessem, isso provavelmente não teria feito qualquer diferença.

A casa na Rua David, em Denver[8], situava-se numa estreita área residencial que confinava com Malvern[9]. Os terrenos eram pequenos, sendo reservados para trabalhadores da área semi industrial. Na altura em que Víctor e a família iniciavam a sua fixação, a área era predominantemente habitada por portugueses, muitos deles madeirenses.

Um grande número de portugueses tinha chegado à África do Sul nos anos vinte do século vinte, e muitos fixaram-se em Joanesburgo e à volta desta cidade entre as duas guerras mundiais. Estes primeiros imigrantes eram principalmente da Madeira, que na maioria não eram instruídos, e muitos estavam ilegalmente no país. Vinham de barco, supostamente destinados a qualquer outra parte, ou atravessavam a salto as fronteiras de Angola e Moçambique com a África do Sul. Mas eles tinham chegado à África do Sul, e fosse qual fosse o seu estado legal, tornaram-se conhecidos pelas suas lojas de fruta e vegetais, assim como cafés, vendendo peixe frito com batatas fritas, e outras comidas.

A maior afluência decorreu durante os anos cinquenta, quando o presidente sul africano Verwoerd dirigiu a atenção para os países mediterrânicos, apesar da fé

---

[8] Bairro de Joanesburgo.
[9] Malvern é um dos bairros de Joanesburgo naquela altura habitado principalmente por portugueses.

católica da maioria desses imigrantes. Muitos sul africanos brancos olhavam-nos com superioridade e desprezo, o que tornou mais difícil a absorção dos imigrantes portugueses na sociedade local. Não que esta situação os perturbasse muito, pois preferiam socializar-se uns com os outros, criando os seus próprios clubes e comunidades em bairros como Denver e Malvern. Foi onde Augusto Rebelo conduziu a sua família em dezembro de 1966.

Libânia estava satisfeita, mesmo bem impressionada por o marido ter conseguido tanto em tão pouco tempo. Tinha conseguido uma casa para a família que, embora pequena, era mais espaçosa quando comparada com os pequenos apartamentos que Augusto tinha podido prover em Lisboa; estava mobilada, e ele tinha emprego numa fábrica de texteis. E ainda havia uma notícia melhor: Libânia podia trabalhar para a mesma empresa. Parecia que Augusto estava a manter as promessas que tinha feito, e foi com boa disposição e alegria que a família, nos primeiros meses, tratou de iniciar uma nova vida na África do Sul.

Mas então, dentro em pouco, Augusto lançou a bomba. "Comprei as casas ao lado," anunciou, "e agora vamo-nos mudar para lá." As casas a que ele se referia eram duas portas abaixo na Rua David, 43, e eram três habitações geminadas. Cada uma delas tinha entrada independente e acesso à casa de banho comum localizada no pequeno quintal. Libânia desconfiou: "Por que motivo fizeste isso?" Augusto foi obrigado a dizer que não era o dono da casa mobilada em que moravam, na mesma rua, nº 39, que a tinha alugado provisoriamente de um amigo que estava à espera que a noiva chegasse de Portugal. A mulher ia chegar e a família Rebelo tinha de mudar-se.

As Barracas, como Víctor lhes chamou, eram dificilmente habitáveis. Se dependesse deles, Libânia e o resto da família não se teriam mudado para aquelas habitações degradadas, com o soalho queimado pelos cigarros caídos ou apagados. "Tão velhas, estavam quase a cair," diz Víctor, "e suponho que fazia sentido que o pai não tivesse conseguido comprar uma casa decente em apenas dois meses". Mas Augusto comprou mesmo As Barracas, e deve ter pago muito pouco por elas.

A família tratou de melhorá-las com o auxílio dos amigos na comunidade. Augusto só tinha de comprar o material de construção, o que ele conseguiu pouco a pouco, e os conterrâneos portugueses ofereceram trabalho gratuito e especializado. Era um pesadelo viver com as lentas renovações, mas não se podia passar sem elas. Levou meses a criar uma casa das três habitações geminadas. Porções das paredes foram demolidas, os soalhos foram arrancados até se ver o betão, e tratados, os quartos foram subdivididos e foi instalada canalização para um quarto de banho. Gradualmente de As Barracas surgiu uma casa de dois quartos, sala, cozinha, quarto de banho e retrete.

Devido a isto, quando se mudaram para As Barracas viviam em condições piores do que em Lisboa, mas havia diferenças importantes. Tinham subido na escada social, simplesmente por terem sido classificados brancos num país que concedia privilégios de acordo com a cor da pele. A instrução não era apenas obrigatória, era gratuita, e eram assegurados bons trabalhos para os brancos com ofícios. Embora a família falasse muito pouco inglês e nada de africander, tinha o amparo de uma comunidade muito unida formada pelos conterrâneos imigrantes.

Comparando com outras casas no bairro de Denver, eles ainda estavam bem. Era uma área difícil, com muitas casas degradadas. As pessoas de língua africanse que viviam entre os imigrantes eram de uma classe baixa, mal conseguindo dinheiro suficiente para manterem um teto sobre as cabeças. Muitas vezes também não tinham renda suficiente para conservar ou melhorar as condições de vida.

Víctor e os irmãos continuaram a escolaridade durante o período de renovação de As Barracas. Víctor e Nelita foram matriculados na escola primária local, ao passo que o Nelito foi para a Escola Secundária de Malvern. Como não sabia falar nada nem de inglês nem de africander, Víctor iniciou a escola numa classe especial para imigrantres. Sejam quais forem as apreensões e desconfianças que ele possa ter tido, a sua experiência na Escola Primária de Hillcrest foi boa. "O professor Parker era um tipo duro, mas que cavalheiro!" Víctor passou do aluno rebelde, que tinha abandonado a escola, a um estudante brilhante, aprendendo inglês e africander (naquele tempo a aprendizagem da segunda língua era obrigatória) em apenas seis meses. "Não fui enviado para aquela aula por ser burro, mas por ser imigrante, porque havia outros como eu. Havia estrangeiros de países diferentes e de todos os setores de vida." Mas em Denver, Malvern e áreas à volta, a maior parte eram portugueses.

Cada um dos irmãos Rebelo ia para o seu lado, encontrando-se em casa depois da escola e aos fins de semana. O Nelito escolheu rapidamente o seu próprio grupo de amigos na escola secundária e, sendo mais velho, tinha um pouco mais de liberdade para sair e encontrar-se com eles. Víctor tratou de se acomodar, à sua maneira, na escola e na vida da vizinhança, o que quer dizer que, para ganhar dinheiro, ele organizou os seus próprios pequenos empreendimentos. Nas áreas industriais de Denver, descobriu as fábricas de impressão a pouca distância da casa, indo a pé, e recolhia, nos seus pátios, os rolos de autocolantes descartados. Estes rolos rejeitados, a que os tipógrafos chamavam 'sobras' (quando imprimiam mais do que o que tinha sido encomendado), ou rótulos descartados. Seja qual for a razão para serem deitados fora, eram bonitos e causavam interesse quando Víctor os mostrava num tubo que pendurava ao pescoço. Eram coloridos e uma novidade, e os seus colegas gostavam de os pôr nas malas da escola, ou talvez levarem para casa e colá-los em qualquer parte dos seus quartos. Ele fez alguns randes a vendê-los durante os recreios, mas não estava satisfeito.

Os rapazes gostavam de jogar aos berlindes, e Víctor não só os vendeu, como também inventou um jogo que atraiu alguma atenção. O desafio era atirar um berlinde por um dos buracos que ele tinha feito numa caixa de sapatos, o valor do prémio inversamente proporcional ao tamanho do buraco. Víctor sentava-se no chão com a caixa entre as pernas e olhava para os jogadores, que se colocavam a uma distância que tinha sido previamente combinada.

"Claro," disse Víctor, "todos queriam o maior prémio, assim eles faziam pontaria para o buraco mais pequeno." Ele ficava assombrado por eles não verem, como ele via, que não era fácil que um berlinde passasse pelo buraco pequeno, que era um pouco maior que o bilas, e que eles ganhariam alguma coisa se fizessem pontaria aos buracos maiores. Se perdessem, isto é, se os berlindes não entrassem nos buracos, os miúdos perdiam-nos e, evidentemente, à medida que perdiam, precisavam de comprar mais berlindes – e Víctor tinha um negócio próspero. Ele arranjou uma solução para armazenar os berlindes: pagava a um dos empregados de limpeza para tomar conta do seu stock de berlindes e autocolantes. Realmente, era um negócio florescente ... e treino inicial para o estabelecimento da máquina de fazer dinheiro mais tarde na vida.

Feliz como estava com o seu empreendimento comercial, ser posto a tomar conta da aula quando o professor Parker saía, ou ajudar a professora Herman nas barracas de tômbola nas festas da escola, sentir que lhe prestavam atenção, que se preocupavam com ele, fazia com que sentisse que a sua vida estava a mudar de curso. Estava a transformar-se numa pessoa muito diferente do rapaz que tinha deixado Lisboa. Descobriu que outros rapazes gostavam de formar grupo com ele: "Talvez porque eu fosse um puto grande. Quer dizer, confiante, compreendes?" Víctor sorri largamente quando se lembra disto. "Sempre consegui o que queria." Tal como com o Ferreirinha, um colega também imigrante, cuja mãe tinha uma conta num dos cafés locais, e que dava chocolate a Víctor quando ele lhe pedia. "A mãe parecia que nunca notava os itens extras na conta. Nunca soube se ela fazia perguntas ao filho."

Víctor não podia deixar de notar que as mulheres negras que trabalhavam na limpeza das casas da vizinhança eram maltratadas. "Não era justo. Imagina uma mulher, a quem chamavam uma 'criada', a tomar conta de crianças, a alimentá-las, a lavá-las e a prepará-las para irem para a escola, e a limpar a casa e fazer as camas... e quando precisa de ir ao quarto de banho, não é autorizada a servir-se dele por ser negra. O que havia para ela era uma simples latrina no quintal." Víctor tinha mais consideração pelas muitas pessoas negras que conhecia do que pelos africander que viviam em Denver. "Eram grosseiros e violentos. Sujos, mal educados e ignorantes," comentou Víctor, e talvez eles tenham sentido o mesmo pelos imigrantes portugueses. Não admira que houvesse tensão entre os dois grupos, ambos com as suas comunidades fechadas. Não ajudava nada que os africander e os portugueses estivessem em pontos opostos do espectro religioso cristão, os primeiros pertencendo à um tanto austera Nederduitse Gereformeerde Kerk (Igreja Reformada Holandesa), e os últimos praticando os ricos e por vezes elaborados ritos do catolicismo.

Víctor não procurava problemas, nem sequer com os africander, mas algumas vezes ia mesmo ao encontro deles. Uma das vezes foi quando levou o seu novo amigo Abel ao OK Bazaars[10] da Rua Eloff[11]. Tendo chegado recentemente e sabendo falar muito pouco inglês, Abel era facilmente manipulado. Além disso, ele confiava em Víctor para o ensinar a desenrascar-se naquele lugar estranho. Víctor tinha pensado cuidadosamente e precisava de um saco para que o plano desse certo. Comprou uma corneta de plástico que meteu num grande saco de compras. "Olha, podes usar isto," disse Víctor para Abel, dando-lhe o saco com a corneta de plástico no fundo, "vou verificar se alguém olha". Como mandado, Abel meteu no saco, sorrateiramente, a bonita máquina fotográfica de plástico que Víctor cobiçava, e os rapazes dirigiram-se para a saída, convencidos de que não tinham sido vistos. Mas tinham, e o gerente, com dureza, obrigou-os a ir a toque de caixa para o escritório. Ao ser interrogado, Víctor deu detalhes falsos, mas ficou abalado quando o gerente disse que ia contactar a polícia. "Amanhã traz os teus pais," disse aos rapazes, "ou a polícia vai prender os dois!" Ele esgaravatou no saco e encontrou o recibo da compra da corneta. Tirando a câmara, devolve o saco, dizendo: "Olha, leva isto. Agora vai!"

Víctor saiu do escritório do gerente, arrastando com ele o pobre Abel. Durante muitos anos não voltou ao OK Bazaars e diz: "E nunca mais roubei nada, nunca mais." Os seus dias de roubo nas lojas estavam acabados.

Víctor talvez estivesse a mudar, adaptando-se e crescendo em resposta às suas experiências, mas para o pai era difícil mudar a sua maneira de ser e de proceder. Depois da bomba da casa, estava outra de reserva. Um dia Víctor chegou a casa e encontrou a mãe furiosa a ser

---

[10] Grande armazém que vende roupas, eletro domésticos, brinquedos, etc.
[11] Rua na baixa de Joanesburgo.

confrontada pelo oficial de diligências. Era uma luta desigual e o oficial levou o que tinha ido buscar. De uma maneira ou de outra, Augusto tinha conseguido meter-se em dificuldades financeiras muito depressa, talvez devido ao esforço de renovar As Barracas ou de mobilá-las, ou mesmo para pagar dívidas antigas em Portugal. "Foi um atraso," recorda Víctor, "todo o nosso duro trabalho para nada. E lá voltámos à estaca zero, a trabalhar arduamente, tudo por causa dos velhos hábitos e estilo de vida inalterados do meu pai."

Ao observar a situação, parecia-lhe que o pai, apesar de ser uma pessoa cheia de recursos, não via que estava a repetir as mesmas coisas e a ter os mesmos resultados. O que poderia estar a faltar? O Víctor de doze anos estava determinado a mudar as coisas que não o tinham servido bem.

10

Rapazes e bandos

Pouco mais de um ano depois, fui para a mesma escola secundária do meu irmão. Era muito difícil porque os africanders eram completamente contra os imigrantes e atacavam-nos. A maior parte dos alunos do liceu era portuguesa, e muitos apenas iam à escola porque era obrigatório. Tudo o que eles queriam era deixar a escola e trabalhar. O principal desejo de todos era ganhar dinheiro e trabalhar duro para se aposentarem no velho país. Os africanderes pensavam que lhes íamos tirar os empregos, mas também se sentiam ameaçados pela religião. Era perigoso andarmos sozinhos, porque eles, em grupos, ficavam à espera de apanharem um porra para torturar.

Uma noite saímos do bilhar e íamos para casa pelo caminho habitual – éramos uns oito. O clube era por cima do Checkers[12] na Rua Jules e nós jogávamos ali

---

[12] Supermercado.

muitas vezes. Passámos pela paragem do autocarro, e mal notámos um casal ali sentado até que começaram a insultar-nos.

"Filhos da puta de porras! Vão para casa!"

"Co ***ões!"

Fiquei chocado por ouvir uma menina a dizer asneiras daquela maneira.

"O que foi isso?" O meu amigo, também chamado Víctor, não ia deixar passar os insultos. Segundos depois, mal tinha começado uma bulha quando apareceram polícias e nos prenderam à mão armada. Era evidente que aquilo era uma ratoeira e que tinham estado à nossa espera, mesmo ali ao virar da esquina. Quando compreendemos o que se passava, era tarde demais. Na ramona, a caminho da área deserta por trás das fábricas de Denver, vimos logo que nos iam bater. Quando os polícias nos empurraram para fora da carrinha em direção à lixeira da mina, houve uma rixa, e um dos nossos conseguiu pegar numa pistola do polícia e apontou-lha. Durante a confusão, o outro polícia foi também desarmado e nós fechámo-los na parte de trás da carrinha. Limpámos bem as armas, atirámo-las para o mato e fugimos.

Nunca mais ouvimos falar deste incidente, nem eles tentaram mais algo no género contra nós. Parecia que os polícias nos tinham deixado em paz depois de lhes termos mostrado que não éramos cagarolas.

TÃO DEPRESSA QUANTO possível, Víctor conseguiu um trabalho a tempo parcial. O seu primeiro trabalho foi como moço de recados e entregas, aos fins de semana, para uma frutaria e venda de vegetais na Rua Jules. "O salário era uma insignificância, mas as gorgetas compensavam." Com os seus melhores modos e o sorriso mais simpático, Víctor percorria as ruas com a bicicleta de distribuição, com o cesto fundo à frente, a desejar que os clientes lhe dessem uma boa gorgeta. Por vezes auxiliava atrás do balcão no café da esquina quando o dono precisava de sair, ou quando os empregados madeirenses ilegais se escondiam. "Estavam sempre alerta por causa da polícia e fugiam pela porta de trás. Na maior parte das vezes não eram apanhados, mas os polícias continuavam a tentar apanhá-los. Era uma espécie de perseguição." O perigo de serem presos era compensado pela melhor qualidade de vida que os madeirenses gozavam na África do Sul.

Víctor talvez tenha feito a promessa de não voltar a roubar, mas violava a regra quando se tratava de outras ativi-dades. Como por exemplo pedir "emprestado" um carro do parque de automóveis usados onde ele auxiliava com o processo de registo dos veículos. Um dos seus trabalhos era limpar os carros, e, de vez em quando, aproveitava a oportunidade para, sorrateiramente, levar um pela porta de cavalo. Ele guiava até à escola, exibindo-se aos colegas. Nelito também trabalhava numa empresa de carros usados num parque de automóveis um pouco abaixo de onde Víctor trabalhava, e um dia ele tirou um Volvo "marreco" para um passeio de fim de semana. Não foi apanhado, e sabe-se lá se os donos das empresas calculavam o que os seus empregados andavam a fazer pela calada.

Os dois irmãos também trabalharam para os Correios, à tardinha, a separar a correspondência. Iam para o centro de Joanesburgo de comboio ou de autocarro, dependendo das finanças e com quem viajavam. Foi numa viagem de autocarro que Víctor inventou um novo esquema de fazer dinheiro. Ele apanhava os cupões que as pessoas deitavam para o chão ou na caixa para os bilhetes usados que havia na parte de trás do autocarro – a mesma caixa onde o inspector deitava o talão que tinha arrancado dos bilhetes. "Em casa eu fazia corresponder os números dos bilhetes com o do talão, com cola-tudo muito fina, para voltar a unir o recorte serreado. Tinha de ser bem cuidadoso, mas depois de secos pareciam novos." Por um tempo ganhou o que era uma pequena fortuna para ele, a vender os bilhetes 'reciclados' a meio preço nos Correios. Era inevitável que os polícias começassem a investigar, interrogando os trabalhadores. Apesar de tudo apontar para Víctor como principal suspeito da origem dos bilhetes a meio-preço, não foi encontrada nenhuma evidência. Ele, por precaução, não só tinha sido cuidadoso como também não tinha dito a ninguém o que estava a fazer – principalmente porque estava a proteger o negócio. Para além disso, ele tinha escondido cuidadosamente os bilhetes para o caso de acontecer alguma coisa. Depois da batida policial, que só era inesperada pela escolha do momento exato, Víctor aprendeu que em alguns casos, como aquele, de boca a boca talvez fosse a melhor maneira de anunciar, mas tinha a sua desvantagem.

***

Apesar das dívidas feitas e dos custos de renovação de As Barracas, Augusto conseguiu comprar um Ford Taunus 17M. Víctor ficou fascinado com o isqueiro, o que lhe valeu uma boa sova quando brincou com ele e queimou o assento de trás. Com o carro, Augusto podia levar a família a passear, como os passeios para se encontrarem, no aeroporto, com os portugueses que chegavam. Tornou-se um bom amigo de Matos depois de lhe ter dado uma boleia para Kyalami, e de vez em quando a família Rebelo visitava a quinta em que ele vivia e trabalhava como ferreiro.

Matos era uma daquelas pessoas que tinha a sorte de

saber fazer tudo... Ele abanava a cabeça, e começava a falar assim: "Ó menino, não compreendes..." Por isso ficou com a alcunha de Menino. Tal como se pode esperar de um ferreiro, era forte e vigoroso. Quando ele se ofereceu para castrar o gato de Libânia, ela concordou, raciocinando que se ele trabalhava com cavalos, provavelmente devia saber o que havia de fazer. "Olha, traz o gato!" Menino andou em passos largos para a oficina, muito seguro de si. Víctor foi encarregado de prestar assistência. Ao mesmo tempo que agarrava o bichano, olhava curiosamente quando Menino colocou uma ferradura velha num torno. "Põe a cabeça do gato ali," ordenou, apontando para a ferradura. "Vic, agora abre-lhe as pernas e agarra-as." E prontamente cortou os testículos do animal com uma lâmina, e depois esfregou sal grosso na ferida. Quando Víctor largou o gato, ele fugiu, disparado.

"O gato ficou bem, a ferida curou depressa, e mais tarde engordou" contou Víctor. "Claro que Menino nunca tinha feito aquilo antes. Mas, como disse, aquele gajo dizia sempre que sabia tudo."

Nessa altura Víctor frequentava a Escola Secundária de Malvern – a mesma escola do irmão mais velho – e a situação estava a mudar. A fricção entre as comunidades africander e portuguesa era cada vez mais óbvia, com os jovens andando em grupos. "Não era seguro andar sozinho," recorda Víctor, "porque eles, os africander, andavam sempre em bandos. Por isso, para proteção, precisávamos de ter os nossos bandos." Não que eles se considerassem um bando quando se juntaram para dar uma volta pelas ruas na noite em que lhes fizeram uma espera e os meteram, como fardos, numa carrinha da polícia. "Não estávamos à espera daquilo", disse Víctor "mas, se pensarmos nisso, fazia sentido os polícias estarem envolvidos. Afinal eram africander."

A situação era suficientemente grave para Augusto

impor aos filhos uma hora de recolher obrigatória: não podiam sair depois das oito da noite. Era demasiado perigoso. Nelito esgueirou-se uma vez – bom, provavelmente mais do que uma – mas daquela vez Augusto notou que ele não estava na cama. Preocupado, procurou o filho, e, quando voltou, encontrou-o em casa, a fingir que estava a dormir profundamente. Augusto agarrou no chicote que a mulher tinha escondido, e deu uma tareia a Nelito.

Durante o dia os adultos saíam para trabalhar e não podiam proteger os filhos. Não que Víctor precisasse de muita proteção, sendo bastante capaz de olhar por si próprio. As suas experiências precoces em Portugal, principalmente o sonho de morte, tinham-lhe aumentado a vantagem da natural invencibilidade da adolescência. "Eu só tinha medo de duas coisas." – diz Víctor agora – "Chegar a velho, sozinho, quer dizer sem companhia, e não ter dinheiro suficiente quando chegasse a essa idade." Na época, uma bravura quase anormal dava sentido à expressão atrever-se a ir onde os anjos temem afoitar-se. A comunidade era pequena, os africander sabiam onde moravam as famílias portuguesas, e vice versa. Num dia quente de verão, Víctor surpreendeu alguns rapazes africander em frente à porta da casa dos Rebelo. Estava tão quente que o alcatrão da rua tinha amolecido a ponto de poder ser removido, e os rapazes estavam a empurrar aquela porcaria derretida no buraco da fechadura. "Perdi a cabeça, e eu e os putos que iam comigo batemos neles até que eles conseguiram escapar." Mas não era o fim da questão. "Eu estava a limpar o buraco da fechadura para que estivesse em ordem quando os meus pais voltassem para casa, quando os gajos voltaram. Desta vez era um grupo de mais ou menos cinco rapazes armados com cassetes e paus."

Víctor agrupou rapidamente uns poucos de amigos da

vizinhança, e perseguiram os africander na direção de um pequeno parque uns quarteirões adiante. "Chamávamos-lhes gabiru – que é uma gíria para indicar uma pessoa que não se importa com ninguém – e quando os perseguimos eles esconderam-se nos arbustos daquele pequeno parque". Decididos, Víctor e os amigos bloquearam a saída e incendiaram a relva alta e seca. "Quando eles se renderam, demos-lhes a surra da vida deles. Não andávamos à procura de rixas, mas se a ocasião se proporcionasse, íamos mostrar quanto valíamos!"

A crise atingiu o clímax quando o homónimo de Víctor, que morava em frente, mas algumas casas abaixo, deu com dois africander no jardim. Estavam nitidamente preparados para assaltarem a casa, mas quando foram desco-bertos separaram-se e fugiram, cada um para seu lado. Ele correu atrás de um deles, estrada abaixo em direção à ponte por cima da linha férrea a um pouco mais de um quilómetro de distância, decidido a não o deixar escapar. O rapaz em fuga estaria cansado, seria estúpido, ou as duas coisas? Ele saltou por cima da vedação da ponte, talvez com a intenção de aterrar num comboio que passava por baixo, e foi imediatamente reduzido a cinzas no cabo de alta voltagem. "Era um dos gajos que vivia nas vizinhanças. Lembra-te que nós vivíamos numa das áreas de mais duras condições de Joanesburgo" disse Víctor. "Em Denver, até os mosquitos eram drogados!"

***

Quando se tornou evidente que os portugueses não eram facilmente dominados, a hostilidade diminuiu. Aqueles incidentes não desencorajaram Víctor de aproveitar ao máximo os seus primeiros anos de adolescência em Denver. "Eu não ia perder nada, de nada – o bom, o mau ou o feio. Não nos importávamos com quem nós fôssemos, se houvesse algum evento, nós lá estávamos!"

Nas sextas feiras à noite, as pessoas da comunidade branca podiam ver filmes na Estação de Bombeiros de Malvern, a parede de trás do quintal pintada de branco transformada num ecrã. O entretenimento para os negros incluía o Show da Bicicleta Mais Bem Conservada, que se realizava perto da linha dos comboios, e Augusto Rebelo era o juiz. "Os pretos gostavam dele, foi por isso que lhe pediram para ser juiz. Não podia ser um juiz negro, tinha de ser alguém neutro." Os participantes desciam a rua nas suas bicicletas até ao ponto de reunião do lado de fora de uma loja que vendia peixe frito com batatas fritas, o dono chamava-se Paul. "Eles juntavam-se ali durante o fim de semana, vestidos com as suas melhores roupas, com as bicicletas limpas e polidas," conta Víctor. "Depois formavam em linha, com os sapatos a brilhar como espelhos e as bicicletas todas bem preparadas e modificadas." Algumas das bicicletas tinham sido equipadas com guarda lamas de aço inoxidável, ou proteção para a corrente, ou antenas (embora não tivessem rádios); outros enrolavam fitas de várias cores nos raios das rodas, e os ciclistas exibiam molas da roupa de aço para prenderem as calças imaculadamente limpas. A exibição em si e a competição tornaram-se ajuntamentos de alegria, havendo boa harmonia entre os concorrentes e o juiz português. O dinheiro do prémio era retirado do pagamento feito por cada concorrente e dividido, e o bolo ia aumentando com a popularidade do Show da Bicicleta Mais Bem Conservada. "O vencedor tinha, digamos, metade do dinheiro. O segundo lugar recebia trinta por cento, e o terceiro lugar vinte por cento. Era um grande divertimento! E o Paul ganhava dinheiro com os seus pratos de peixe frito e batatas fritas e refrescos, apesar de, mais tarde, as pessoas dizerem que ele matava gatos e depois vendia a carne naquela ocasião."

O edifício que alojava a loja de peixe frito e batatas fritas de Paul ainda está lá, o nome White City Mansions[13] visível no amarelo pálido da tinta a cair. O primeiro andar ainda parece ser uma habitação, com a loja por baixo, no rés-do-chão. Agora chama-se Restaurante Ranoto, com algumas janelas vedadas com tábuas e o resto fortemente gradeado. Não parece ser um negócio próspero, mas há clientes a entrar e a sair. Ao lado, na esquina mais perto da linha do comboio, não se sabe bem se o M.I. Karolia & Co. está fechado – permanentemente ou só hoje, um sábado. Só tem um andar, com paredes pintadas de azul escuro, e portas firmemente fechadas e gradeadas. Do outro lado do Restaurante Ranoto há uma mesa com fruta do lado de fora do People's Mini Trading[14]. Vêem-se roupas brancas penduradas à porta da loja ao lado, que tem o nome de Mabotse Catering & Decor[15]. A loja da esquina não está assinalada, mas um garoto e uma criança que dá os primeiros passos estão do lado de fora das portas duplas pintadas de preto e metade abertas. O telhado de zinco encarniçado pela ferrugem parece que está a ceder, e é possível que pessoas vivam no que deve ser um espaço de loja relativamente grande.

Na esquina oposta do nº 45 da Rua David com a Rua Mars, situa-se o Happy Supermarket[16], que, quando a família Rebelo ali vivia, pertencia a um homem chamado Patel. Foi nessa loja que o Víctor comprou o seu primeiro sorvete, de cujo sabor ele ainda se lembra como se fosse hoje. As Barracas são umas portas mais abaixo, a maior parte das casas estão hoje, aparentemente, ocupadas por pessoas negras.

Isto leva-nos à incómoda verdade que ninguém quer admitir, o grande problema que todos preferiam ignorar.

---

[13] Mansões da Cidade Branca.
[14] Mini Comércio do Povo.
[15] Serviço de Fornecimento e Decoração Mabotse.
[16] Supermercado Feliz.

Quando Víctor e a família chegaram à África do Sul, as pessoas de raça negra que trabalhavam em Denver não estavam autorizadas a viver ali. As pessoas negras precisavam de passe[17] para se movimentarem, que tinha de ser apresentado quando pedido ou exigido – na maior parte das vezes pela polícia – para mostrarem que estavam autori-zados a entrar e a trabalhar na cidade. À noite, apesar de terem habitações inadequadas em qualquer outra parte, tinham de deixar a cidade.

Muitos viviam ilegalmente, particularmente nos subúrbios mais pobres de Joanesburgo, onde as pessoas de cor viviam entre os brancos pobres. No entanto, em Denver, a maior parte dos homens negros que traziam as suas bicicletas para competirem no Show da Bicicleta Mais Bem Conservada do lado de fora da loja de peixe frito e batatas fritas de Paul, vivia, provavelmente, no Denver Men's Hostel[18], criado para trabalhadores migrantes negros. O governo do apartheid queria desencorajar a vida familiar, daí a construção desses "compondes" só para homens. Não era uma situação sustentável e aglomerados populacionais informais multiplicaram-se à volta desses complexos, onde viviam as mulheres e as crianças, ocupantes ilegais duma cidade reservada apenas para os brancos.

Havia, sem dúvida, várias razões que justificam que os imigrantes portugueses não tenham entrado em conflito com os residentes negros que viviam a pouca distância, e com aqueles que viviam ilegalmente em e à volta de Denver. Uma das razões era provavelmente muito simples: não havia rapazes negros em número suficiente a andarem nas ruas para entrarem em conflito com os

---

[17] Passe: caderneta que os indivíduos de raça negra e os mestiços tinham de usar na qual estava escrito os locais a que podiam ir. Seriam presos se não a pudessem apresentar quando a polícia os mandava parar na rua e a pedia para verificação da autorização de poderem circular em determinadas áreas.
[18] Abrigo para homens. Compondes tem o mesmo significado.

rapazes africander e os porras[19]. Além disso, mesmo que tivesse havido, a sua luta tinha um propósito muito maior. Mesmo assim, Víctor lembra-se de que uma pessoa negra era morta em quase todos os fins de semana. "Ou devido a uma discussão, ou relacionado com a bebida, ou por ser um criminoso. Isto é, quando os polícias matavam um."

As batidas policiais em propriedades privadas em Denver eram raras, isto é, se de facto aconteceram. "Era uma área demasiado pobre para incursões da polícia," disse Víctor depreciativamente. "Havia muitos como o homem zulu que vivia no nosso quintal." Aquele homem vivia numa barraca no pequeno quintal de As Barracas, e trabalhava perto como guarda. Tinha grandes buracos nas orelhas onde pendurava brincos coloridos. "Naquele tempo, eu nem sequer sabia que era ilegal que ele ficasse ali de noite."

A situação política na África do Sul era frequentemente o tópico das discussões entre os imigrantes portugueses. Embora Víctor não estivesse consciente das tensões raciais, os seus pais tinham conhecimento da situação. Ainda antes da família Rebelo começar a sentir-se descansada com a sua nova vida na África do Sul, Augusto, dramaticamente, desenraizou-os outra vez.

---

[19] Nome pelo qual os portugueses são conhecidos na África do Sul por dizerem esta palavra frequentemente durante o dia.

11

À procura de pastagens mais verdes

Jesus era o nome de um gajo que tinha sido colocado na base militar da Beira. Ele dizia que tinha uma orelha humana num porta chaves. Ele era mais velho que nós e quando íamos de férias à Beira nós andávamos à volta dele, porque ele era o senhor, o «homem». Era primo de uma rapariga com quem o meu irmão andou na Rodésia. Pode dizer-se que ele era um amigo, éramos todos amigos. Mas ele era doido e costumava gabar-se das coisas que tinha feito.

Naquela altura os portugueses faziam serviço militar durante quatro anos. Geralmente eram chamados para a tropa quando faziam dezoito anos. Era ou lutar pelas colónias ou ir para a prisão. Poucos eram os soldados que tinham interesse em lutar. Em

Angola e Moçambique, enfrentavam inúmeras dificuldades e sofriam bastante nas lutas, e muitos drogavam-se para aguentar a pressão. Jesus nunca conseguiu acabar o serviço militar porque, devido ao seu mau comportamento, mais anos de serviço militar eram acrescentados.

Nenhum ser humano podia fazer, no seu juízo perfeito, as coisas que alguns deles faziam. Tornavam-se irracionais, perdiam todo o respeito pelos outros seres humanos. Aqueles que conheci, como Jesus, perdiam a cabeça. Jesus tinha fotografias de um homem enforcado numa árvore, com pedaços do seu corpo a serem cortados com ele ainda vivo. As pessoas nas áreas remotas do mato eram ignorantes, as suas vidas eram simples. Aqueles soldados criavam o caos, amarravam os homens e tinham sessões indecentes com as mulheres. Não se importavam com a idade. Violavam tanto raparigas como mulheres, e obrigavam os homens a ver. Estes soldados de Portugal já estavam revoltados, estavam alucinados metade do tempo. Eles deixavam as metralhadoras ao pé deles, encostadas a alguma coisa, e embriagavam-se.

Numas férias fomos ao Estoril, uma praia na cidade da Beira, no centro de Moçambique, o lugar onde Jesus tinha sido colocado. Acampávamos na praia, dormíamos todos no chão numa tenda suficientemente grande para toda a família. Cozinhávamos numa fogueira, ou num pequeno fogão a petróleo. Estava tanto calor que a manteiga se derretia mesmo antes de chegar à frigideira, e a areia metia-se em tudo. Até nas sandes. Jesus conseguia arranjar aguardente barata na cantina militar, e isso era uma razão para continuarmos amigos. E outra boa razão era que, embora ele não fosse grande, era maldoso e causava problemas. De tal maneira que a Polícia Militar o seguia para toda a parte porque sabia que ele faria alguma asneira. Jesus odiava os "bifes" – nome que se dava aos turistas da Rodésia e da África do Sul –, e gostava de os provocar para os espancar.

Podes imaginar a raiva que se acumulava durante aqueles anos. E podes ver por que é que, depois, os brancos foram tratados da maneira como foram. Imagina que era a tua família no mato e alguém vinha e fazia aquilo à tua filha – nunca será esquecido. É preciso ter a consciência de que não podes ir para outro país e explorar a população.

UMA DAS RAZÕES para deixar Portugal foi o facto de os jovens serem enviados para a guerra nas colónias. Ao escolher a África do Sul, Augusto trouxe a família para a boca do lobo, quer dizer, para o auge do conflito, embora não parecesse ser assim. E a decisão de se mudar para a Rodésia era ir de mal a pior.

"O meu pai talvez se virasse e dissesse que estava a cuidar do nosso futuro, que nos estava a proteger da agitação política que se aproximava. Mas ele não examinou o turbilhão político na Rodésia, porque, se o tivesse feito, veria que explodiria mais depressa do que na África do Sul."

Muitos na comunidade portuguesa de Denver e à volta tencionavam regressar um dia a Portugal, e construir uma boa casa. Só estavam na África do Sul simplesmente para juntarem dinheiro para construírem uma casa bonita em Portugal, e um pé-de-meia para o futuro. Por exemplo, Menino, o amigo de Augusto, estabeleceu um negócio próspero como ferreiro. O seu ofício era muito procurado e ele ganhou muito dinheiro, o bastante para mandar construir uma casa grande e bonita nas montanhas, em

Portugal. Vinte anos depois, a mulher recusou-se a viver em Portugal e Menino morreu sem se gozar da grande casa que tinha mandado construir.

De volta a 1966, Augusto tinha tido longas discussões com os seus amigos portugueses, muitos dos quais estavam preocupados com a situação na África do Sul. Tinham consciência de que a agitação política aumentava, muitos sentiam que o regime do apartheid não podia (e não devia) durar, e que os protestos dos oprimidos se tornariam mais vigorosos. Em Denver, os receios centravam-se nos planos que estavam a ser projetados para estender a estação dos comboios – com o seus dois fluxos diários de trabalhadores – na direção da estreita faixa residencial. "Vamos perder tudo quando os negros tomarem conta do país!" era um refrão frequentemente ouvido quando os homens se reuniam para conversar.

Quando ofereceram a Augusto uma posição financeiramente atrativa na Rodésia – aliás dois empregos, para ele e para a mulher –, ele não hesitou. O que ele não se deteve a investigar foi a imagem cor de rosa pintada pelo governo rodesiano no seu desespero de atrair imigrantes brancos. Se a África do Sul desejava uma afluência forte de pessoas brancas qualificadas, a Rodésia dependia da mesma afluência para sobreviver. A independência unilateralmente declarada contava com um fluxo de pessoas brancas para aumentar a população branca. Em 1969, os rodesianos nem sequer se importavam se os imigrantes fossem qualificados ou não.

Na sua pressa de deixar o país, Augusto foi inflexível na sua vontade de vender As Barracas abaixo do seu valor. Sem consultar a família – e, evidentemente, sem ter em consideração os seus desejos –, ele vendeu rapidamente a habitação, fizeram as malas e partiram para a Rodésia. Na fronteira de Messina, ignorou completamente as lágrimas da família. Nenhum dos membros queria deixar a vida –

humilde como era – tão duramente construída em Denver. Cada um deles tinha feito progresso, aprendendo inglês e estabelecendo-se num círculo de amigos. Até o Xaninho, o esperto gato de focinho preto e branco, que estavam a passar clandestinamente para a Rodésia, protestou, fugindo do carro como uma bala quando o carro parou. "Escondeu-se num cano, mas Nelito e eu, um de cada lado, conseguimos apanhá-lo." Víctor acresenta: "A mãe adorava o gato, mas quando o apanhei dei-lhe cá umas palmadas!"

As lágrimas da família não a podiam fazer voltar atrás no tempo, e ela passou as primeiras semanas no Palace Hotel[20] de Bulawayo[21] – uma espelunca que era em todos os aspetos o oposto do nome. Tudo tinha sido arranjado com tanta pressa que a família chegou primeiro que a mobília, e antes que ficasse pronta a casa que lhes tinha sido prometida. Pelo menos a estadia foi inteiramente paga pela empresa.

A primeira casa em que viveram era alugada, no Banbury Drive[22], e a família depressa descobriu outras pessoas da pequena comunidade de portugueses que tinham ido para Bulawayo. Uma particularidade – e uma vantagem adicional – da vida na Rodésia era que tinham um empregado, ou "rapaz da casa" (mainato[23]). Era um jovem do Malawi[24] chamado Taibu que não só limpava a casa, mas também olhava pelo jardim e era um bom cozinheiro. "Ele vivia no quintal," diz Víctor. "Todas as casas tinham quartos nos quintais para os empregados. Ele era mais velho que Nelito, portanto devia ter uns vinte anos."

***

---

[20] Hotel Palácio.
[21] Bulawayo é a segunda cidade do Zimbabué, antigamente Rodésia.
[22] Rua Banbury.
[23] Indivíduo que lava e engoma a roupa, e por vezes cozinha.
[24] País em África que faz fronteira com Moçambique e com o Zimbabué.

Víctor, Nelito e Nelita foram matriculados na escola assim que chegaram a Bulawayo, pois a instrução era obrigatória para as crianças brancas. Mais uma vez Víctor e Nelito eram os estranhos, os intrusos da Escola Secundária de Hamilton. Nelita, como lhe faltavam uns poucos de meses para fazer os doze anos, foi para a Escola Primária de Greenfields, que era perto. "Não tive problemas," diz ela, "pelo menos não me lembro de ter tido. Na África do Sul devo ter aprendido o inglês muito depressa." Ela podia ir sozinha para a escola, descalça, através do mato, pois era seguro. Antes de ir para a aula, ela limpava cuidadosamente os pés e calçava os sapatos.

Augusto não tinha dinheiro para comprar logo os uniformes[25] novos para as crianças, e assim os rapazes tiveram de aguentar a zombaria dos outros alunos por irem para a escola em "trajes civis". Nelito, grande e com barba por fazer – que aparecia umas simples horas depois de ele se ter barbeado de manhã –, reagia agressivamente aos insultos. Este comportamento para lidar com os outros foi desenvolvido na África do Sul, e Nelito tinha revelado que, se fosse ridicularizado, fervia em pouca água. O problema é que Nelito, que não tinha uma natureza agressiva, mostrava uma maneira de reagir rude e anti-social. Ele achava que, como castigo, pôr os seus atormentadores num cesto e atirá-los escada abaixo com um pontapé, ou forçá-los a fazer coisas indecentes em público, desencorajava mais ataques verbais e físicos. "Ele era violento," disse Víctor, "algumas vezes ele metia-me medo!"

Dentro em pouco Nelito ganhou o respeito dos colegas da escola devido à vitória certa em qualquer luta em que

---

[25] Nos países de língua inglesa cada escola tem o seu uniforme com uma determinada cor. Primária: calção no verão e calça comprida no inverno, com camisa e gravata e 'bleizer', casaco; as meninas usam saia, camisa e casaco. Secundário: calça comprida para os rapazes e raparigas, ou saia para as meninas, camisa, gravata e casaco.

se metesse. "Tinha a força de um touro. Os fumadores juntavam-se a ele num canto do campo de jogos. Sabiam que os prefeitos[26] não se atreviam a aproximar-se dele." Nelito sentia-se muito frustrado: o seu único desejo era criar o caos para que o expulsassem da escola. Parece um objetivo estranho, mas era o desejo que um Víctor mais novo tinha conseguido realizar em Portugal quando era o garoto mau da família.

Com o tempo, aconteceu o contrário: Víctor mudou de um rapaz rebelde para um aluno modelo. Uma vez resolvido que não voltaria a roubar, e ter sentido como era gratificante sentir a atenção positiva que lhe era dedicada na escola, ele aplicou-se tanto aos estudos que avançou um ano, de tal modo que passou a frequentar o mesmo ano que o irmão. O professor Hean, o professor de inglês, era o único professor maldoso para Víctor, colocando-o na mesma bitola do seu problemático irmão.

"Víctor, nunca serás nada na vida, ofendia ele. Estás a perder o teu tempo a tentar." Isto talvez tivesse tido algo a ver com alguns incidentes que resultaram em Nelito ter concretizado o seu desejo de deixar a escola. O primeiro foi na aula do professor Hean, quando aplicou a Nelito seis violentas vergastadas, no rabo, com o pau de uma vassoura. Sim, Nelito é que tinha sido apanhado a dizer a outro aluno para se calar, mas em resposta às suas constantes provocações. Fumegante de cólera, furioso, mais pela injustiça do humilhante castigo do que pelas vergastadas, Nelito voltou para o lugar e o professor Hean continuou a ler como se nada tivesse acontecido. O

---

[26] No décimo primeiro ano, os professores, de colaboração com os melhores alunos que se tenham distinguido nos estudos, no desporto ou qualidades de caráter, escolhem cerca de 10 indivíduos que tenham provado ter capacidade de chefia para se tornarem os exemplos a seguir pelos outros alunos da escola no ano a seguir, isto é, no décimo segundo ano. Estes 'prefeitos' são encarregados de 'vigiar' o comportamento dos alunos. Por sua vez, os prefeitos, de colaboração com os professores, escolhem o seu próprio dirigente, que é o 'head boy', o chefe dos 'prefeitos'.

provocador do Nelito cometeu o erro de se virar para trás com um sorriso de satisfação. "Um minuto depois, ali estava ele, atirado para o chão!" recorda Víctor. "Nelito bateu-lhe com tanta força que ele se dobrou todo e foi parar debaixo da cadeira, depois o Nelito deu-lhe pontapés." Quando o Nelito começou a andar em direção ao professor, ele correu para fora da aula cheio de medo, sem esperar para ver se o rapaz se dirigia para a porta, ou para ele.

Com a sua reputação de desordeiro assegurada, não tardou muito que o Nelito se encontrasse em frente ao diretor. O Sr. Silcock não se importou que o Nelito estivesse só a tentar dizer à Sra. Gibson o que tinha acontecido a um aluno que tinha morrido num acidente de carro, que ele não tivesse compreendido que ela queria que ele se calasse imediatamente, bem como os outros rapazes que falavam todos ao mesmo tempo, que ele não estivesse a tentar ser desordeiro – pelo menos não daquela vez. O Sr. Silcock espancou-o com uma cana com tanta força que o magoou muito.

Quando Nelito voltou à aula, caminhou agressivamente para a sua carteira. "Pegou nos livros e rasgou-os. Depois atirou os pedaços à cara da professora." Ele finalmente obteve o que queria: foi expulso da escola. Apenas com uma sétima classe, encontrou trabalho como aprendiz de bate-chapas. De facto, ele tornou-se muito bom neste trabalho, e anos depois auferia salários de topo. Porém, tudo isso foi no futuro, e Víctor não se sentia impelido a imitar o feito duvidoso do irmão ter acabado com uma curta carreira escolar. Mas ele, Víctor, tinha ainda muito que aguentar.

"Teddy Vickery era um gajo grande e mau. Depois do meu irmão ter sido expulso, ele pensava que me podia intimidar, era mesmo um provocador, gostava de ameaçar os rapazes, mas não o deixei assustar-me. Mas contei ao

Nelito os insultos do gajo. Não era correto que Vickery dissesse aquelas coisas. No dia seguinte todos sabiam que haveria porrada – quer dizer, todos menos o Vickery – e juntaram-se fora da escola, ao pé do parque de estacionamento, à espera que o 'intruso', 'o forasteiro' chegasse. Vickery estava irritado com o ajuntamento e dizia: "Vão-se embora! Desapareçam!". Os rapazes impediam-lhe a passagem e ele queria ir para casa. Ele gostava de parar debaixo de uma árvore perto do local onde os professores estacionavam os carros, e assim deu uns passos para pôr a mala debaixo da árvore. Mas de repente ....

"'Uuups!' O meu irmão saltou da árvore mesmo em cima do Vickery."

"'Dá-lhe porrada! Arreia! Arreia!' Foi um espetáculo de circo! Os rapazes gritavam o calão que indicava que ia haver uma briga. Todos eram a favor do meu irmão, gritavam para o encorajar porque ninguém gostava do Vickery. Nelito fez um trabalho perfeito e depois foi-se embora. Durante semanas Vickery não pode ir à escola, mas ninguém acusou o meu irmão, assim não houve consequências nem para ele nem para ninguém.

"Depois da rixa, a escola tornou-se melhor para os alunos que Vickery costumava intimidar. Algumas vezes, há pessoas que precisam de ser postas no seu lugar."

Mais uma vez a família Rebelo se dispôs a adaptar a uma nova vida, cada membro da família à sua maneira. Víctor, a maior parte do tempo sentia-se feliz, mas cheio de malandrice. Um dia deixou uma cobra de borracha ao pé do lava-loiças, na cozinha. Quando voltou da escola, encontrou a casa por arrumar, e um Taibu a tremer à porta da cozinha.

"Eh, Taiibu! O que aconteceu hoje?"

"Há uma *nyoka* (cobra) aí dentro!"

"Olha, é de borracha. Desculpa, pensei que apanhasses

um susto, mas não sabia que tens assim tanto medo de cobras que nem sequer entraste em casa!" Taibu não estava convencido, encolheu-se todo quando Víctor abanou a cobra de borracha mesmo debaixo do seu nariz. Em sua defesa, o facto de haver muitas cobras venenosas nas manchas de mato à beira das poucas ruas que formavam o bairro.

Mas Víctor ainda se sentia um pouco negligenciado em casa – ainda era 'o que não se enquadra'. "Olha," disse um dia à mãe, "estou farto desta maldita casa onde nada é feito para mim!" Ele agitou a peça de roupa que o tinha aborrecido, um par de calções com o zipe estragado, mesmo em frente a ela. Ele pensava: "Se ela é uma costureira, não demorava nada a arranjar isto!" Se valia a pena consertar os calções roxos ou não é um ponto discutível, mas quando a mãe levantou a mão para lhe bater, ele apenas lhe agarrou as mãos.

Ainda aborrecido pelo que para ele era uma negligência da mãe para com ele, Víctor resolveu acalmar-se. No abrasador calor de verão, os rapazes tinham descoberto um lugar maravilhoso para nadar. O facto de ser proibido nadar no enorme tanque de água dos caminhos de ferro não os desencorajava. Eles estavam conscientes do perigo de serem chupados juntamente com a água se uma locomotiva parasse para reabastecer naquele tanque. Num caso desses, o afogamento era apenas uma das coisas que podia acontecer, mas os rapazes trepavam e faziam deslizar para o lado algumas das chapas de zinco que formavam o telhado em cone do tanque. Víctor gostava de nadar nu, flutuando na fresca, tranquila e escura água do tanque. Ele ainda estava lá quando Nelito o foi buscar: "É melhor vires, o pai já chegou a casa."

"Onde tens estado?" perguntou Augusto ao filho.

"No tanque," respondeu Víctor. Claro que Augusto

sabia onde o filho tinha estado, portanto mesmo que Víctor tivesse mentido, não adiantava. E como o pai parecia tão calmo, foi atrás dele para o quarto. "Mas era como ele te surpreendia," conta Víctor, "fingindo estar calmo." Quando Augusto fechou a porta à chave e a meteu no bolso do seu fato safari, Víctor viu logo que estava em apuros. "Ele bateu-me com uma vara parecida com um cassete, tirado de uma videira," continua Víctor. "Mas eu era grande, difícil de dominar, deitei a mão às chaves que ele tinha no bolso e fugi."

"Vem cá, meu filho da mãe!" Mas Víctor esperou ali, tão alto na árvore quanto podia, até que o pai acalmasse e fosse seguro voltar a casa.

O que ele não sabia, quando tentava tanto obter a atenção e o afeto da mãe, é que nem tudo estava bem entre os pais – pelo menos do ponto de vista da mãe. Libânia Rebelo começou a ter segredos que abalariam a família e esta desmembrar-se-ia. E seria Víctor a acender o rastilho.

12

Burros, escumalha e "lixo" português

A minha mãe só tinha quinze anos quando ficou grávida. Não era uma coisa sem precedentes em Lisboa, mas era vergonhoso.

"Augusto, o que é que nós vamos fazer?" O namorado – o meu pai – foi o primeiro com quem ela falou da gravidez, e a resposta dele foi devastadora. "O bebé é teu!" Ela foi obrigada a ter um aborto secreto. Era como se nada tivesse acontecido, como se o bebé por nascer se tivesse evaporado, e a vida continuou para a família. Depois deste acontecimento, uns anos depois, apesar disto, ela ainda se casaria com o meu pai. E continuou resolutamente casada com ele, porque era o que ela tinha prometido fazer. Talvez tenha sido a sua educação religiosa que a fez sentir

que tinha de casar com ele. Foi de certeza a razão que a fez continuar casada.

Ele maltratava-a física e emocionalmente. Evidentemente, só tive conhecimento de tudo isto há alguns anos. E então ela só me contou porque eu queria compreender por que é que ela tinha feito aquilo na Rodésia. Ela disse-me que, quando o meu pai teve uma licença especial pelo nascimento do primeiro filho, o Nelito, ele preferia sair, gozando os dias com os amigos. Nelito nasceu duas semanas antes de o meu pai ter sabido que ele tinha nascido. Muitas vezes a minha mãe sentou-se no quarto de banho, o único lugar do pequeno apartamento onde ela podia estar só, com o meu irmão no colo, abraçando-o e a chorar. Naquela altura, ele era tudo quanto ela tinha.

PODER-SE-IA PENSAR QUE ser forçada a encarar uma gravidez indesejada faria Libânia pôr em dúvida a integridade e o sentido de responsabilidade do namorado. Talvez se tenha perguntado... mesmo assim casou com ele. Talvez Víctor se tivesse sentido alienado pela mãe, porém nunca duvidou da estabilidade do casamento dos pais. Por que o faria? Claro, tinha-os ouvido a discutir, e tinha sentido como as decisões negativas do pai tinham tido um impacto negativo na família. "Mesmo antes, quando eu era criança, podia ver que ele pensava apenas nele próprio. E nunca teve um objetivo. Um plano. Esse foi o problema, porque se ele tivesse tido um projeto na vida, ele não teria reagido levado pelo pânico."

A despeito do que Libânia possa ter pensado da mudança para a Rodésia, o contrato que Augusto tinha assegurado era bom. Entre os dois ganhavam a quantia suficiente para começarem a construir a sua própria casa. A família depressa se integrou na pequena comunidade portuguesa em Bulawayo.

Alberto Martins vivia mais perto do centro da cidade quando a família Rebelo o conheceu. "Ele tinha uma pensão em casa, hospedando, geralmente, trolhas", recorda Víctor. "Aqueles homens eram uns javardos, brutos, imundos e tinham maus modos. Martins não parecia importar-se com o tipo de linguagem que eles usavam em frente à sua família. De vez em quando, o próprio Martins gritava: 'Ó, cabra, então! Não vês que o homem está à espera do comer!' Estava a falar para a sua própria filha."

Ana, a filha mais velha de Alberto Martins, ajudava a mãe a tomar conta dos hóspedes. A mãe nunca tinha aprendido a ler ou a escrever, era uma senhora calma e descontraída, parecia aceitar sem reclamações o tratamento que recebia. "Era como se ele fosse da Gestapo, e a família – as mulheres – as suas escravas. Era como muitos homens tratavam as mulheres em Portugal."

Pondo de lado o seu comportamento em casa, Martins era um homem atraente e um empreiteiro competente, tendo-se mudado com a família para a casa que tinha construído na esquina perto da casa da família Rebelo. Quando Augusto decidiu construir a sua própria casa, era natural que pedisse a Martins para o ajudar. O local da nova habitação era uma rua acima da rua da casa arrendada, o que queria dizer que Augusto e Libânia podiam vigiar com cuidado o processo de construção. De modo geral, tudo correu bem, excepto quando Libânia se aproximou de Martins por causa de um erro de construção. "Há um problema com esta parede," disse-lhe ela, "tens de arranjar."

"Os pobres não podem escolher," respondeu Martins com desdém.

"Não sei o que ele queria dizer, mas cometeu um erro ao ser tão malcriado e brusco para ela," diz Víctor. "A mãe não admitia despropósitos. Foi engraçado vê-la a correr atrás dele com um martelo na mão!" No fim, tudo foi resolvido, quando Martins reconstruiu a parede causadora do incidente. O que Víctor não percebeu, naquela altura, era que a suposta troca de palavras azedas tinha menos que ver com o projeto de reparação e mais com uma intensificação do relacionamento entre Martins e Libânia.

***

Na escola, Víctor tinha-se tornado um bom amigo de um rapaz chamado Martin Bester, e ia muitas vezes à quinta dos Bester. Augusto familiarizou-se bastante com o Sr. Bester, um africander enorme, a ponto de autorizar que Víctor fosse passar duas semanas à quinta. Augusto e Libânia iam a Portugal, e parecia uma boa ideia deixar ficar Víctor num lugar onde havia outros rapazes para passarem tempo juntos. Tanto o Martin Bester como Víctor tinham a mesma idade, e Johan[27], o irmão de Martin, era dois anos mais novo.

"Íamos para a quinta de vez em quando," disse Víctor. "O meu passatempo favorito era ir dar uma volta nos burros – nós puxávamos por eles!" No princípio havia dois burros, um macho e uma fêmea. Como Víctor descobriu, a lenda da teimosia dos burros nasceu da verdade. O macho era maior, mas mais difícil de o fazer andar. Era mais fácil quando a fêmea ia a trote, porque o macho seguia atrás dela. Os três rapazes não se contentavam em, de vez em quando, andar de burro devagar, queriam que eles galopassem por todo o campo. Víctor queria andar na fêmea, só porque ela era mais ativa, e assim fazia. Ele cavalgou tanto até que ela caiu de peito no chão, completamente morta. Talvez tenha sido por ele ser muito maior que os dois rapazes Bester, e sendo demasiado

---

[27] João.

pesado para o pobre animal, ele tinha-lhe partido os costados. Não tinham a certeza da causa do colapso do burro, mas aquilo talvez fosse o mais provável. Víctor ficou horrorizado com a ideia de que ele talvez tivesse sido a causa da morte do pobre bicho. Os rapazes uniram esforços para resolver a situação.... e concordaram que o melhor era manter o caso em segredo. Puxaram o burro morto para a parte de trás de uma velha camioneta e guiaram até a um poço que não era utilizado. Ali atiraram o corpo para dentro do poço e cobriram-no com galhos velhos das árvores.

Algum tempo depois, o Sr. Bester perguntou aos filhos: "Onde está aquele burro?" E eles responderam: "Não sabemos, pai. Também não vemos o burro há uns tempos." Contudo o poço não era muito longe, e um cheiro medonho começou a espalhar-se vindo daquela direção. Quando o Sr. Bester seguiu o cheiro que o nariz lhe trazia, podiam-se ver os abutres a voar por cima do poço. "Olhem, abutres!" Víctor e os amigos também podiam ver os abutres, mas mesmo seguindo os pássaros, o Sr. Bester nunca encontrou o burro. Ele desconfiava que o burro devia ter caído num poço ou que devia ter tido algum acidente. Felizmente para os rapazes, ele nunca desconfiou que o desaparecimento do burro tinha tudo a ver menos com um acidente.

Agora os rapazes só tinham o burro macho para passear. Por sorte ele era mais capaz de aguentar o peso de Víctor, mas era um problema fazê-lo andar. Uma tática era pôr uma bola com espinhos debaixo da cauda do pobre bicho. Para outra tática era preciso ajuda: Martin Bester agitava uma lata cheia de pedras, e o burro, assustado com o barulho, arrancava disparado. No dia em que o pai era suposto ir buscá-lo, Víctor, todo confiante, esperou-o no pequeno lote ao lado da quinta. Augusto olhou para o filho, arrogantemente escarranchado no burro, um pé apoiado num banco. "Não sejas idiota!" disse ele a Víctor, "Vais magoar-te."

"Não, pai, deixa-me mostrar," disse Víctor, confiado na sua capacidade de cavaleiro. Estava o seu pai a concluir a compra de um frango à Sra. Mac, a proprietária do lote, quando um chocalhar bem barulhento espantou o burro cinzento. "Puum-puum-puum!" O animal deixou escapar três peidos ruidosos, como as explosões do escape de um carro, e desatou a correr. Víctor ficou com as pernas no ar e, ao ver que a sua montada ia direita a uma árvore, atirou-se para o lado. Aterrou com todo o seu peso no chão rochoso, de tal forma que ficou sem respiração. Augusto riu tanto que, também ele, estava sem poder respirar: "Eu avisei-te!" (em inglês), e depois em português: "Nunca me dás ouvidos!"

"Martin, o filho da mãe!" pensou Víctor. "Disse-lhe para me avisar antes de chocalhar aquela maldita lata!" Ele iria recuperar das nódoas negras, cortes e arranhões, mas primeiro ia deitar a mão ao Martin. O incidente não o desencorajou de andar de burro outra vez, nem o impediu de passar tempo na quinta dos Bester enquanto o pai estivesse em Portugal.

Pensou, porém, no burro morto e perguntou a si mesmo se de facto o teria morto. No momento em que o burro sucumbiu, teria ele o mesmo olhar do boi que ele tinha morto com um tiro? Augusto tinha comprado o boi por cinquenta dólares. "Nós matamos, os homens que nos vendem o boi limpam," disse Augusto a Víctor, passando-lhe para as mãos a espingarda, tão potente que podia matar um elefante. "Atira entre os olhos," instruiu Augusto quando Víctor levantou a espingarda. Quando focou o animal, Víctor ficou surpreendido pelos seus grandes olhos castanhos. "Então, vamos, se queres atirar, atira!" A sua pontaria foi boa e o animal caiu no chão. Mais tarde, Víctor não foi capaz de comer nada do boi que tinha morto, nem foi capaz de comer carne durante muito tempo. Ele tinha a certeza de ter visto algo nos olhos do pobre bicho e isso abalou-o profundamente. "Implorou-me, eu pude ver que ele me estava a implorar para não o matar," diz Víctor, e aquela imagem chocante ficaria com ele para sempre. Não seria capaz de ir à caça com o pai, nem era capaz de comer carne de veado.

No regresso de uma das suas viagens, Augusto ofereceu um presente generoso ao Sr. e à Sra. Bester. "Obrigado por tomarem conta do meu filho," disse ele, no seu inglês macarrónico, entregando uma grande caixa. "Trago uma coisa especial." O Sr. Bester abriu a caixa, cautelosamente, retirando um grande – um enorme – camarão: "Que mcrda é esta?" Com medo, o cão fugiu do objeto que foi arremessado na sua direção e o camarão foi parar ao chão todo sujo, seguido do baque da caixa inteira dos procurados e famosos camarões tigre. "Queres que eu coma essa merda quando nem o cão a come?!" disse ríspida e cinicamente o Sr. Bester, imitando cruelmente o sotaque de Augusto.

O que dizer em face de tanta grosseria? A palavra africander "kak" traduz-se literalmente por 'merda'. A sujidade não tinha afetado os camarões na caixa, embora o que tinha ido parar à terra estivesse completamente estragado. Augusto e Víctor deixaram a quinta, tendo salvo a caixa com os camarões que estavam em bom estado, ambos a abanar as cabeças perante a ignorância – e má criação – de algumas pessoas. Pelo menos a família, nessa noite, teve um festim.

13

A frente interna da guerra

Saltei com toda a força em cima da perna dele, mas não aconteceu nada. Talvez a posição da perna não fosse a correta. 'Aqui, pá, põe o calcanhar aqui!' Olhei para a perna, esticada e com o calcanhar a balançar, e lá fui para outra ronda, saltei da mesa para o tornozelo do meu amigo. Ainda nada. Peguei no cabo de uma picareta e bati e bati no tornozelo. A perna estava cheia de nódoas negras e azuladas, mas nada estava partido. Desesperado, levantei-o e esfreguei os joelhos dele na relva.

Quando o médico nos viu, perguntou: "Ó rapaz, o que se passa contigo?" Mas ele sabia. Já tinha visto rapazes como Neville, com o cabelo cortado à escovinha, a cheirar a uma fábrica de cerveja, ferimentos ou imitações de ferimentos causados a si próprios.

"Ele caiu do telhado," disse Víctor ao médico, "os pais não estão cá e ..." O médico não estava interessado na minha história nem acreditou nela. As radiografias não mostraram fraturas no amassado tornozelo, mas de qualquer forma passou uma carta ao Neville que lhe garantiu mais uma semanas antes de ter de voltar ao exército.

NA AGENDA DE Víctor, as preocupações políticas não eram elevadas, mas tinha a consciência dos aspetos da vida menos desejáveis num país em que o acesso ao poder era extremamente desproporcionado. Um dos aspetos era o serviço militar, ter de combater numa guerra que o governo de minoria branca via de uma maneira muito diferente dos seus adversários. Para o governo de minoria, os chamados "combatentes da liberdade" eram simplesmente terroristas, não só capazes de cometerem atrocidades, mas convictos de cometê-los para conseguirem derrubar o poder branco. Do outro lado da guerra – quer dizer, o governo de Ian Smith[28] – os nacionalistas lutaram para ter acesso a terra e ao poder. Embora o racismo do governo da Rodésia desse tempo não se expressasse tão radicalmente como no âmbito do passe e de outras leis existentes na África do Sul, o poder político e económico estava firmemente nas mãos dos colonialistas.

"Disse a Neville que era doido por se ter oferecido como voluntário", diz Víctor, "a maior parte das pessoas faria qualquer coisa para não ter de prestar serviço militar. Por isso não fiquei admirado quando ele apareceu para

---

[28] Ian Smith foi ministro da colónia britânica da Rodésia do Sul entre 13 de abril de 1964 e 11 de novembro de 1965, data em que declarou unilateralmente a independência da Rodésia. Foi primeiro ministro até 1979.

jantar e me pediu para o ajudar." É verdade que a maior parte dos rapazes portugueses, como Víctor, se pudessem, evitariam a tropa. Afinal de contas, uma das muitas razões que tinha levado os seus pais e muitos outros a deixarem Portugal era evitar que os filhos fossem enviados para a guerra – e talvez para a morte – nas províncias em África. Ainda vívida na sua memória estava a imagem do jovem que se tinha atirado ao mar nas docas em Lisboa, preferindo suicidar-se a morrer num país desconhecido. Um argumento ainda maior era a presença ocasional de um louco e encolerizado Jesus, brandindo o troféu da orelha humana e contando as suas horrorosas experiências no mato. A sua base era em Moçambique e lutava por Portugal, e a guerra na Rodésia era sensivelmente a mesma, raciocinava Víctor. Naquela altura os dois exércitos cooperavam frequentemente, com os rodesianos a auxiliarem as tropas portuguesas ao longo das fronteiras de Moçambique, e particularmente na província de Tete. Na Rodésia era possível obter a carta de condução com dezasseis anos, mas os rapazes que a tirassem eram também elegíveis para o exército – a não ser que fosse um estudante. Víctor estava decidido a continuar a estudar e a adiar o seu obrigatório serviço militar o mais possível.

Por isso, no dia em que o seu amigo de escola Neville lhe bateu à porta de casa, em Banbury Drive, para lhe pedir um favor especial, Víctor prontificou-se imediatamente a ajudá-lo. "Jocko," disse Neville a Víctor, "se eu te pedir para fazeres uma coisa, és capaz de a fazer?" Jocko, que quer dizer macaco, era um nome que os amigos davam uns aos outros, principalmente quando queriam chamar a atenção do outro. Claro que o Neville se arrependeu de ter assinado um contráto com o exército e, de licença, não queria voltar. Mas tinha um plano: "Vou ficar podre de bêbado," disse ele, "tu apareces mais tarde e partes-me a perna ... Quero dizer, o meu tornozelo, não a perna!" Era uma tentativa desesperada que parecia muito mais fácil de conseguir do que foi. As repetidas tentativas de Víctor para satisfazer o desejo do amigo falharam, conseguindo apenas um adiamento temporário para o Neville voltar à tropa.

É bom não saber como as coisas se vão realizar," diz Víctor, "ou então talvez quiséssemos modificar alguma coisa. Mas tudo na minha vida tem acontecido por uma razão, portanto não há nada que pudesse ser alterado." De uma maneira estranha este sentimento fez-se sentir na vida de Neville, porque, algum tempo depois, ele iria ter precisamente o que ele tanto queria.

Neville tinha um irmão mais velho, Jerry, que durante um tempo estudou na Universidade do Cabo, na Cidade do Cabo, na África do Sul. Quando Neville tentava escapar do seu contrato com o exército, Jerry telefonou ao pai: "Pai, isto não é para mim. Estou a desperdiçar o teu dinheiro." O pai deve ter concordado, porque Jerry voltou para casa, tendo começado a trabalhar na fábrica de cerveja local. Agradava-lhe muito mais do que os seus dias de estudante, longe de casa. A melhor parte (pelo menos para um jovem como Jerry) era que a fábrica lhe deu cerveja grátis com o cheque do seu primeiro pagamento.

"Ó pá," disse Jerry ao irmão mais novo, que estava de licença do exército, "vamos festejar!" Neville ficou entusiasmado, e Phillip, o amigo de Jerry, também, e ficou combinado que iam no seu Volkswagen Fusca amarelo desbotado. Quer tenha sido a juventude, quer tenha sido a bebida que o tornou imprudente, Phillip estava a guiar com excesso de velocidade quando o velho Fusca bateu numa bossa da estrada e voou. Jerry, no assento do passageiro da frente, morreu instantaneamente quando o carro se enrolou no tronco de uma árvore. Neville escapou apenas com um tornozelo partido, o que lhe valeu a desejada baixa do exército. "Hoje ele está bem, tem tido sorte. Algo a ver com uma empresa de transportes em Bulawayo," comentou Víctor. "Ouvi dizer que fez muito dinheiro." Phillip saiu ileso do acidente.

Víctor tinha as suas próprias ideias sobre a direção a tomar e o que ele queria fazer. Ele pode não ter visualizado a Máquina de Fazer Dinheiro quando tinha dezassete anos, mas sabia bem quais eram os seus objetivos a curto prazo. Passava a maior parte do tempo a estudar e os seus esforços foram recompensados. Na escola, depressa passou de uma classe para a outra e no fim de 1972 preparava-se para fazer os exames finais do secundário.

Augusto tinha dirigido a família para águas aparentemente mais calmas e mais prósperas. Nenhum dos Rebelos, com exceção de Libânia, suspeitava das viragens em desenvolvimento sob essas aparentes águas calmas. A família não se desmembraria devido à guerra, instabilidade política ou outros fatores externos, mas por uma força maior que essas e tão antiga como as lendas.

14

Desenlace

No sopé das montanhas ou é muito frio, ou insuportavelmente quente. Os invernos fustigam em Chaves, mesmo perto da fronteira norte de Portugal, e a mãe fica dentro de casa a maior parte do tempo. O Martins mantém-se em boa forma física. Era verão quando levei a família até Chaves. Mio e Nelita foram da África do Sul comigo e encontrámo-nos com Ana, a viúva de Nelito. A tia Lurdes também se juntou a nós e Martins achou que precisávamos de mais refrigerantes. Assim ele trouxe um congelador da garagem até ao primeiro andar. Era um congelador pequeno, mas de um formato tal que era difícil trazê-lo, e ele carregou-o sozinho!

"Ele está a falar para mim." – disse a mãe, que estava a ver televisão.

"Mãe, o que quer dizer?"– perguntei. Eu estava confuso.

"Olha, ali," e ela aponta para a TV. O apresentador cumprimenta: "Olá a todos os espetadores!"

"Ele pode ver-me," diz ela. "Vês? Ele disse 'olá' para mim."

Desisto. Ela parece estar muito doente e Martins faz tudo para ela. Dá-lhe banho, muda-lhe a roupa, dá-lhe de comer. Mas algumas vezes Martins chama-me e diz: "Vic, não aguento mais!"

"Então tem de a pôr num lar, um lugar onde saibam tomar conta dela." – respondo eu.

"Não, não, Vic. Como é que ela será tratada lá? Ela não tem culpa de estar assim."

O que Martins quer dizer é que ela não tem culpa de ficar confusa, por vezes chama-me pelo nome de pessoas que já morreram. O médico diz que ela sofre de demência, e é por isso que ela grita da janela que Martins lhe está a bater. "Nelito, o teu pai veio visitar-me, mas ele perdeu-se," diz ela, "e quando o Eduardo veio, o Martins não o deixou entrar!"

Não me dou ao trabalho de lhe lembrar que o Eduardo morreu, e o Nelito também. "Sou eu, o Vic. Mãe, não chores, não compreendo o que dizes!"

Quanto é autêntico, e quanto não é? Estaria mesmo com alucinações na noite em que me acordou, a chorar: "Vic, vem depressa! Ele está a deitar fogo à casa com uma lata de tinta!"? Meio sonolento, fui atrás da minha mãe até ao quarto de dormir onde encontrei o Martins a rir, abanando a cabeça. "Onde está a lata, mãe?" perguntei.

"Não, ele é esperto, ele escondeu a lata no telhado!" A resposta fez Martins explodir novamente de riso, riu tanto até as bochechas lhe doerem. Era para aquilo que eu tinha viajado da África do Sul, respondendo ao pedido urgente de Martins: "Por favor

Vic, tens de vir!"?

E daquela vez em que ela esperou até ficar sozinha com a viúva de Nelito, depois pegou numa faca, a chamar pela polícia, à janela, aos gritos? A pobre Ana estava apavorada, não sabia o que fazer. Quando voltámos ela estava em estado de aflição e a minha mãe estava fresca que nem uma alface, como se nada tivesse acontecido. Daquela vez fui severo para ela: "És terrível! Não me toques, estou desapontado contigo!" Ela então acalmou-se e disse: "Não sei o que faço. Sabes, eu tenho Alzheimer!"

Fosse qual fosse o caso, ela parecia frágil e disse que tinha dores. O Martins teve de a ajudar a ir do sofá da sala até à casa de jantar. "Queres descansar agora?", perguntou ele, depois do jantar. "Sim, acho que sim," respondeu a mãe, e Martins ajudou-a a ir para o quarto, movendo-se a passo de tartaruga. Continuámos a conversar, mas quase a seguir a mãe voltou, a andar como o carro de corridas do Schumacher. Veio do quarto a voar e virou a esquina do corredor como um carro de corridas, porque pensou ter ouvido o seu nome.

Como disse antes, eu não era capaz de aguentar nem metade do que o Martins aguenta e faz. Sabes, eu acredito em pagar pelo que se faz, e talvez seja isso o que acontece agora. Trouxe a minha mãe e o Martins até aqui pelos meus sessenta anos. No aeroporto, quando regressaram a Portugal, Martins chamou-me à parte e disse: "Vic, se algumas vezes tenho sido um homem das cavernas, um bruto, peço desculpa. Não sou um tipo educado... porque eu venho do norte, como sabes, e posso ter dito algumas coisas que te ofenderam..." Eu vi que ele estava a ser genuíno. Tinha lágrimas nos olhos. Penso que ele se referia à maneira como tratava a mulher e os filhos na Rodésia, e pedia desculpa por ao longo dos anos ter tido modos bruscos e malcriados.

COM DEZASSETE ANOS, havia muitas coisas que Víctor não notava, mas, em sua defesa, ele passava muito tempo a estudar. Entre as coisas a que ele não prestava muita atenção eram as usuais entradas e saídas dos membros da família. Contudo a sua curiosidade despertou quando a mãe insistiu que Martins conduzisse o carro da família para o hospital onde Augusto Rebelo estava outra vez num aparelho de tração por causa da sua lesão nas costas. "De vez em quando ele precisava de trata-mento para as costas," diz Victor. "Quando ele era novo levantou uma geleira pesada e prejudicou a coluna. Um disco deslocado, ou algo assim. Nós íamos visitá-lo, e tanto o Nelito como eu podíamos conduzir. Na Rodésia podia-se tirar a carta de condução com dezasseis anos. O meu irmão e eu revezávamo-nos para guiar o carro." Naquela ocasião em particular, aborrecido como estava por lhe ter sido negada a sua vez de ir ao volante, Víctor sentou-se zangado atrás com Nelito, que não prestou grande atenção ao acontecimento. No curto espaço de tempo que demorou para chegarem ao hospital, Víctor só podia chegar a uma única razão para a insistência da mãe que fosse o Martins à direção: ela queria sentar-se à frente com o homem.

Foi um incidente pequeno, mas que afetou diretamente Víctor, por isso ele começou a observar a maneira como a mãe e o Martins comunicavam. O homem praticamente vivia com eles, apesar da relutância inicial de Augusto depois de um anterior visitante se ter revelado um *voyeur*, um safado que "ciclistava" as mulheres. Foi Víctor que persuadiu o pai a mudar de ideias, principalmente porque Martins parecia estar desesperado por conseguir um lugar para ficar. Naquela época achou estranho que o Martins, de repente, tivesse mandado a família para Portugal, e ficado sozinho na sua casa ao virar da esquina. Pouco depois, inexplicavelmente, vendeu a casa, e pediu alojamento a Augusto enquanto procurava outra acomodação.

À medida que Víctor matutava nas recentes ações, estas começaram a adquirir novos significados, e preparou uma ratoeira. "Mãe, tenho de levar o carro ao eletricista de automóveis, porque as luzes não trabalham," disse-lhe. Era verdade. As luzes não acenderiam até que ele repusesse o fusível que tinha retirado. O Avô Amorim estava de visita, e a filha virou-se para ele: "O pai devia ir cortar o cabelo," disse ela, "o passeio até ao barbeiro é bom para si."

"Ela sabia que o avô demoraria algum tempo para ir ao barbeiro e voltar, porque ele estava a convalescer de um avc que lhe tinha deixado o lado direito um pouco paralisado. Então Martins insistiu em sair também, saindo na sua camioneta verde." Víctor faz uma pausa, e depois continua a contar: "Embora tenha sido eu a preparar a armadilha, na verdade não esperava o que aconteceu a seguir."

Víctor foi passar tempo no centro de Bulawayo, ou "baixa da cidade", como se dizia, onde comprou um disco de 45 rotações. A canção era Crackling Rosie, por Neil Diamond, uma das canções mais conhecidas daquela época. Pensou que Amanda, a bonita sobrinha do Sr. Bester, gostaria do presente. Talvez lhe comprasse também um favor .... Com dezassete anos, o interesse de Víctor por raparigas tinha finalmente desabrochado. Quando sentiu que já tinha passado bastante tempo, foi para casa, e viu que a camioneta verde tinha voltado e estava parada à porta. Não ficou surpreendido.

A casa estava terrivelmente silenciosa quando Víctor abriu a porta da frente. Tanto Nelita como Nelito tinham ido para os seus passeios, o Avô Amorim não tinha voltado do barbeiro, e o pai, claro, estava no hospital. "Podia-se ouvir uma pena a cair," continua Víctor, "e então gritei: 'Mãe?'" A porta do quarto dos pais estava fechada à chave. "Mãe! Mãe, estás aí?" Quando não houve resposta, Víctor correu vertiginosamente pelo comprido corredor, e meteu o ombro à porta.

"Mãe, o que estás a fazer?" Víctor precisou apenas de um momento para compreender a cena, ambos, a mãe e Martins, em diversas fases de se despirem. Ele foi direito ao semi-nu Martins, deu-lhe uns bons murros, e a mãe afundou-se no chão, num desmaio. Fora de si, Víctor interrompeu o ataque ao amante da mãe – que não se defendia – para cuidar dela. "Vou buscar água," disse ele, correndo para a cozinha corredor abaixo. Martins aproveitou e foi-se embora depressa. Víctor nem sequer reparou se ele tinha puxado as calças – ou calções – antes de sair.

Qualquer pessoa confrontada com o inacreditável precisa de mais provas do que a lógica e os factos proporcionam. Mesmo então, a mente talvez tenha dificuldade para fazer sentido do que os olhos claramente veem. Defrontado com a chocante visão da sua desfalecida e semi-nua mãe, sozinha num quarto com um homem, também despido, Víctor mal podia acreditar no que era óbvio. Não era aquele o mesmo homem que a mãe tinha perseguido na casa meio construída com um martelo na mão, ameaçando-o com uma sorte pior do que um simples ferimento se ele não a levasse a sério? Se tivesse imaginado a mãe a ter um caso amoroso – a ideia era como imaginar a Virgem Maria a ser infiel –, ele não teria escolhido Martins, o bruto construtor que tratava como lixo os supostos objetos da sua afeição – as mulheres – para a infidelidade conjugal.

"O que é que vamos dizer ao pai? Como podes fazer

isto, com ele no hospital e tudo?" Víctor perguntou à mãe, que, tendo voltado a si do desmaio, soluçava descontroladamente. Libânia estava tão chocada como Víctor, por ter sido apanhada em flagrante delito pelo filho, o que deve ter intensificado uma profunda ferida psicológica ao trauma. Víctor foi o primeiro a recuperar-se, e planeou como lidar com a questão prática de justificar ao pai, quando o viram mais tarde, os olhos encarnados da mãe e a sua cara inchada. "Apanhei aquele Martins a espreitar pela janelinha por cima da porta," mentiu ele.

"Eu sabia que isso ia acontecer," respondeu Augusto. Mas ele não sabia nem metade – pelo menos não naquele momento – e Libânia não disse uma palavra ao marido. Estaria ela com medo de Augusto, assustada de que ele a ferisse quando soubesse do seu caso amoroso? Ou receava que o considerável poder persuasivo do marido, associado ao sentimento profundamente arraigado de se submeter às convenções sociais e religiosas, a obrigasse a continuar num casamento que há muito tempo era muito infeliz para ela? Seja qual for a razão, e a de Martins também, ela combinou o inacreditável com o totalmente inesperado.

"Eu analisei as coisas, mesmo naquela altura," continuou Víctor. "Talvez ela também, ou talvez Martins, e talvez tenham chegado à conclusão de que não tinham escolha."

"Onde está a tua mãe, Vic?" perguntou Augusto quando o filho o visitou no dia seguinte. "No trabalho disseram que ela não foi trabalhar por estar doente." Víctor suspeitou que havia mais problemas e com um ou outro pretexto desculpou-se rapidamente e correu para casa. Achou-a deserta, disse a Nelito que a mãe tinha desaparecido e juntos foram ao OK Bazaars, onde Nelita trabalhava. Ela não tinha ideia de onde Libânia podia estar.

"Para mim foi terrível," diz Nelita, "não podia acreditar

que ela se tivesse ido embora." Mas o guarda-fatos vazio da mãe era testemunha muda para esta simples realidade, e Nelita lentamente compreendeu que a mãe devia ter feito as malas às escondidas durante a noite. "Eu vi luz na noite anterior e ouvi barulhos. Quando a chamei, ela disse que estava tudo bem, que eu devia voltar para a cama. Ela sabia que eu não me iria levantar porque tinha medo do escuro. Depois, a mãe fugiu. E eu, de repente, fui obrigada a cuidar de mim mesma."

Foi reservado a Víctor, o filho mais novo, descobrir que a mãe e Martins tinham deixado o país de avião, e contar a verdade a Augusto. Como dizer a um homem que o crime que o seu hóspede tinha cometido era muito mais sério do que espreitar por uma pequena janela? Que ele não tinha só seduzido a sua mulher, mas tinha fugido com ela? E foi Víctor que pensou enterrar a pistola do pai, uma .32 FN Baby, embrulhada num saco de plástico. Depois voltou ao hospital para dizer ao pai o que tinha acontecido no dia anterior, e que a mãe o tinha abandonado, e tinha ido, com o amante, para algum lugar, muito longe – para o Brasil, como se veio a saber mais tarde.

Os soluços do inconsolável Augusto depressa trouxeram à sua cabeceira um médico preocupado: "Sr. Rebelo, o que aconteceu?"

"A minha mulher morreu," disse Augusto por entre lágrimas.

15

Mudança de rumo

A seguir, recebi uma carta de uma rapariga, a filha de um amigo do meu pai. Ele conhecia-o desde os seus anos de criança em Portugal.

Lino de Jesus Vidal era três anos mais velho que o meu pai, e o meu avô, o Avô Rafael, teve pena dele. Faz parte da maneira de ser dos portugueses, e ainda é, cuidarem uns dos outros. Depois do pai do rapaz ter morrido, o Avô Rafael foi amável para com o amigo do seu filho Augusto. Ele dizia: "Olha, aqui está uma chávena de café," ou coisa assim. O rapaz — mais tarde tratavam-no por Vidal, — teve um crescimento difícil. O Avô Rafael também conhecia a avó dele, a avó que teve de tomar conta de Vidal. Talvez ela não fosse uma boa pessoa, porque era má para o neto. Se ele saísse da linha, ela batia-lhe com um pau. Anos mais tarde ela pô-lo fora de casa.

Devem ter decorrido mais de vinte anos antes do

meu pai e o homem que iria ser meu sogro se terem voltado a encontrar em Joanesburgo. Como é que o meu pai podia saber em que pessoa o Vidal se tinha transformado? Tinham-se passado muitos anos sem terem notícias um do outro, eles não sabiam nada um do outro, e, se soubessem, talvez não se tivessem associado. Mas tornaram-se outra vez amigos, e Vidal deve ter concordado com a ideia de que a filha me devia conhecer. Se não tivesse, então tudo teria sido muito diferente e eu não teria, hoje, uma bala alojada no meu corpo.

AUGUSTO REBELO, QUANDO voltou do hospital, não perguntou onde estava a pistola e Víctor nunca chegou a saber se ele tinha notado o seu desaparecimento. Quando Víctor sentiu que já era bastante seguro, foi tirar a arma de onde ele a tinha enterrado cuidadosamente, e pô-la no lugar onde usualmente era guardada. Aquela arma não fazia mais parte da sua vida!

Apesar da perturbação criada pela descoberta da aventura amorosa da mãe, e do seu súbito desaparecimento com o amante, Víctor não só conseguiu acabar a escola secundária, como também adiantou dois anos e acabou antes de fazer os dezoito anos. De forma surpreendente, e até estranha, uma das disciplinas em que se distinguiu foi arte. "A Dra. Durham punha uma flor numa garrafa verde e punha-a em cima de um pano que colocava sobre um banco. Ela sabia que, para natureza morta, perguntariam exatamente aquele exercício no exame final," confessou Víctor. "Pintei a mesma coisa durante dois anos. Claro que acertei em cheio, passei com facilidade."

A Dra. Durham foi quem lhe disse que a Rodésia, naquele tempo, tinha o índice mais elevado de divórcios no mundo. "É a guerra," acrescentou ela. Porém Víctor não conseguia ver como a guerra podia ter afetado a mãe e o pai, nem isso fez com que ele se sentisse melhor no que dizia respeito ao vergonhoso e inexplicável comportamento da mãe. "Não posso compreender como é que tu e o teu irmão têm o mesmo pai," repetia a Dra. Durham, referindo-se ao comportamento que tinha causado a expulsão de Nelito da escola. "Olha, tenta usar o pincel desta maneira ... sim, assim, é o efeito que se quer!" A nota de arte contribuiu para uma nota global final bastante boa, e que resultou na atribuição de uma bolsa de estudos da Corporação dos Correios e Telecomunicações Rodesiana. Ia estudar engenharia na Universidade da Rodésia, em Salisbury.

Augusto Rebelo vendeu tudo e levou Nelita, que iria viver com a tia Lurdes em Portugal. "Não resta nada para mim aqui," disse a Víctor quando deixou a Rodésia, "só memórias desagradáveis." Sem dúvida ele achava que os filhos podiam tomar conta de si próprios. Víctor não podia aceitar que os acontecimentos tivessem acontecido por sua culpa, como a mãe tinha afirmado com insistência numa carta para Nelito. "Como posso ser eu o culpado?", dizia ele, irritado. "Nem sequer o meu pai me culpava!" No entanto, seja qual for a maneira como a mãe e Martins possam ter planeado revelar o seu caso amoroso, pode dizer-se que Víctor os forçou a essa revelação.

Víctor podia ficar com o irmão num pequeno apartamento em Bulawayo, o que funcionou bem durante uns poucos de meses, isto é, até que Nelito se mudou com a noiva, a Ana, para a África do Sul, onde mais tarde se casaram. "Eu fui estudar para Salisbury e fiquei hospedado numa república de estudantes. A cidade agora chama-se Harare. Tentei manter o aluguer do apartamento de Bulawayo, mas não me podia dar a esse luxo," diz Víctor. Para aumentar a minha renda mensal, durante as férias trabalhava na Corporação dos Correios e Telecomunicações Rodesiana em Gwelo (agora Gweru), para ganhar dinheiro extra, a estender cabos ou qualquer outra tarefa que requeresse mãos adicionais com conhecimentos técnicos. "A melhor coisa que me aconteceu depois dos meus pais se separarem foi tornar-me autónomo," diz ele. Sem o divórcio, ele já estava a caminho de se tornar independente, mas o desmembramento familiar obrigou-o a ser ainda mais autosuficiente.

Naquele tempo Víctor tinha já descoberto os prazeres do sexo oposto e teve ampla oportunidade de os desfrutar em Gwelo. "Era uma pequena cidade do interior e ninguém estava interessado em trabalhar ali." Mas havia muitas enfermeiras a fazerem o estágio no hospital local, muito mais enfermeiras do que homens novos, e Víctor – juntamente com um punhado de jovens solteiros – esforçou-se bastante para lhes aliviar o aborrecimento de uma cidade pequena. "Devia haver cerca de cem. Não podíamos ir a nenhum lugar sem tropeçarmos nelas. Claro que não havia muitos lugares onde ir." Realmente havia um, e era o Hotel Midlands, um imponente edifício colonial majestosamente situado na rua principal. Felizmente Gwelo ficava a menos de duas horas de Bulawayo – isto é, no velho carro de Víctor – e a falta de fundos não impedia Víctor de conduzir até lá para passar o fim de semana. Como não ia a Bulawayo só nas férias do trabalho, mas quase todos os fins de semana, ele gastava mais do que auferia e começava cada mês mais falido do que o anterior.

Na sexta feira à tarde, deixava Gwelo tão cedo quanto possível, regressando o mais tarde possível no domingo à noite. A principal atração era divertir-se com os seus amigo no Clube Português, principalmente no sábado à noite. A acomodação em Bulawayo não era um problema. Se ele passasse a noite na cidade, havia sempre uma cama disponível ou um sofá na casa de algum amigo, e Víctor tinha muitos amigos.

A liberdade de que Víctor gozava com as raparigas em Gwelo estava em contraste flagrante com os costumes do Clube Português em Bulawayo. Nesta cidade, durante algum tempo namorou Maria de Lurdes, a quem todos chamavam Milú, e nunca foi além dos limites sociais aceitáveis da comunidade portuguesa. "Ela nunca falava, e isso tornou-se um problema para mim. Portanto levei outra rapariga ao baile da passagem do ano do Clube Português." Mesmo que Milú não fosse a filha do Presidente do Clube Português, teria havido conversas escandalizadas sobre o incidente. Apesar de não ter tido nenhum aviso de Víctor do que ele tencionava fazer, ou talvez por causa disso, "no dia seguinte ela foi a casa do meu amigo Manuel tentando fazer as pazes comigo," conta ele.

Um domingo à noite, Víctor saiu para Gwelo no seu velho carro. Era um Simca Aronde que o pai tinha comprado por 150 dólares rodesianos – cerca de cento e oitenta randes ou 11 euros – e precisava de ter cuidado para não dar curvas apertadas para a direita porque a porta do passageiro se abria. Exausto de um fim de semana de festas, adormeceu ao volante. Quando abriu os olhos, achou-se, ele e o carro, no fundo de um aterro e o carro de encontro a uma vedação, à volta de dez milhas de Gwelo. Voltou a pé, regateou com um comerciante de ferro velho e vendeu o carro por cinquenta dólares rodesianos (120 randes ou 7.50 euros).

***

A comunidade portuguesa era pequena para lá da fronteira e o pai de Víctor, tendo-se estabelecido na África do Sul durante algum tempo, recebeu notícias das condições em que o filho estava a viver. "Estás a viver como um vagabundo," disse ele, "é melhor vires para o sul. E é melhor vires agora, ou vou aí e trago-te pelas orelhas!" Nesse tempo é o que pai teria de fazer, raciocinou Víctor. Sem dinheiro para comer, ele nem sequer tinha recursos para chegar à África do Sul. Porém a ideia era sedutora, principalmente depois de ter começado a corresponder-se com Lina. Ela tinha-se apresentado como a filha de um dos amigos do pai, porque amigos é o que Vidal e Augusto eram naquela altura. Na sua primeira carta, espontânea e inesperada, Víctor lembra-se que ela incluiu uma fotografia com um vestido curto cor de laranja: "Ela estava de pé, em frente a um daqueles rádios antigos." Lina não se lembra disso.

Víctor sabia que o pai tinha de estar por trás disso, o que queria dizer que o relacionamento tinha a aprovação do seu pai e do pai de Lina também. "Quer dizer, o meu pai deve ter dito alguma coisa como: 'Tenho um bom rapaz para ti! Por que é que não lhe escreves?' E deve tê-la encorajado. Mas naquela altura não juntei dois mais dois, foi mesmo depois de ele me ter dito para vir que recebi a carta de Lina." Por responder à carta, Víctor sabia que, tacitamente[29], concordava em prosseguir uma relação com uma rapariga com quem ainda não se tinha encontrado. "Mas naquela altura era assim," diz ele. "As raparigas portuguesas não podiam dar um passo sem a autorização dos pais."

Ele mal tinha começado a corresponder-se com Lina quando recebeu um telefonema de uma agência de viagens em Bulawayo, a informar que o bilhete de avião para a África do Sul estava pronto, e queriam saber quando é que ele o iria levantar. Claro que ele queria muito ir, mas estava a estudar e não podia partir logo. Víctor foi uma pessoa sempre engenhosa, bastante igual ao pai, e assim

---

[29] Indiretamente.

olhou fixamente para a luz de um maçarico de soldar, sabendo que iria queimar os olhos. "O médico pôde ver que eu estava em mau estado," disse Víctor. "Disse-lhe que tinha sintomas de gripe, que me sentia tonto quando me levantava demasiado depressa, que as canelas das pernas me doíam." Se o médico acreditou ou não é um ponto discutível, mas, depois do exame médico, Víctor ficou duas semanas com parte de doente por ter uma grave infeção nos ouvidos. "Não havia nada de errado comigo," insiste ele, "não sei por que é que o médico disse aquilo. Sentia-me bem e nunca tomei os medicamentos." Se o médico tivesse sabido que o seu paciente tencionava tomar um voo o mais depressa possível, provavelmente mostrar-se-ia energicamente contra isso – isto é, se acreditasse no seu próprio diagnóstico. Quem sabe quantos homens jovens o médico teria já visto, como o pobre Neville com o tornozelo todo massacrado, a tentar obter algum período de descanso do trabalho ou do exército?

À boleia para Bulawayo, com arco olho resultante do fulgor da máquina de soldar, e uma infeção fantasma no ouvido, dias depois do telefonema a informá-lo sobre o bilhete de avião que o pai lhe tinha comprado, Víctor estava na África do Sul. Caracteristicamente, atirou-se ao capítulo seguinte da sua vida, porque ele não era pessoa para esperar que o destino resolvesse as coisas. Fosse o que fosse que lhe era proporcionado, Víctor escolhia agarrar as oportunidades com as duas mãos, de modo muito parecido com o do pai quando o ameaçou ir buscá-lo pelas orelhas, e abanar a experiência até que não caísse nada mais para tentar.

"A perda de tempo não existe, mas, sim, o desperdício de vida. É nisso que acredito."

16

Círculos de amor

O homem que me baleou morreu em janeiro, num sábado. Uma semana depois, a 28 de Janeiro de 2017, sábado, foi cremado em Joanesburgo. No funeral e na igreja, falei com a Lina e com a mãe, as duas sentadas no banco da frente, claro. Quando falávamos, notei uma mulher sentada ao lado da Isabel, que parecia olhar fixamente para mim. Por fim ela diz-me: "Olá, Vic." E então lembrei-me.

"Ó, desculpa, Elsa. Não te reconheci."

"Sim, estou muito gorda," diz ela. E de facto ela engordou, mas essa não foi a razão porque eu não sabia quem ela era. Mais tarde, quando falámos, ela diz: "Vivo bem, muito bem ..." mas sei que não pode ser verdade – pelo menos na minha opinião – porque eu sei alguma coisa sobre a maneira como ela vive agora. Quando olho para ela não consigo ver aquela menina que me cativou com a sua alegria e energia.

Quero dizer muitas coisas, mas não digo.

QUANDO VÍCTOR VOLTOU à África do Sul, no princípio de 1974, Lino Vidal e Augusto Rebelo eram grandes amigos, quer dizer, tanto quanto Vidal era capaz de fazer amigos. Apesar da sua natureza geralmente negativa e suspeita, ele autorizou que as duas filhas fossem ao aeroporto esperar o filho de Augusto.

Ao descer do avião no aeroporto de Jan Smuts[30], Víctor recordou as saudades que tinha sentido ao deixar a África do Sul. Tinham-se passado quase cinco anos e ele tinha estado tão ocupado a construir uma vida nova, que se tinha esquecido quanto tinha gostado da anterior. Enquanto se apressava a levantar a bagagem, desejava que os olhos tivessem melhorado o bastante para que ele tivesse um aspeto razoavelmente apresentável. Devem ter melhorado, ou então não foram um impedimento para que uma garota corresse de repente para ele. Ela atirou-se a ele – quase saltou para ele, como uma deliciada macaquinha – com os braços à volta do pescoço dele, abraçava-o com excitação. "Ela era cheia de vida, encanta-dora e animada, e eu não sabia quem ela era, mas foi bom ser recebido daquela maneira," recorda Víctor. Na pausa que se seguiu, no silêncio e no pequeno sorriso na face quando fala deste incidente, adivinha-se a possibilidade de semelhança com o primeiro voo de Víctor e a experiência de se ter apaixo-nado. Naquela ocasião a rapariga não só era mais velha do que ele, mas havia também a certeza de nunca mais voltar a vê-la. Porém, nessa altura, o problema era que a rapariga pendurada nele era Elsa, a irmã da sua namorada a longa distância. Lina esperava um pouco adiante, em pé, ao lado de Augusto. Parecia não estar à vontade, tímida, e na sua timidez, o sorriso dela pareceu a

---

[30] Hoje chama-se aeroporto Oliver Tambo.

Víctor ser um sorriso afetado. Ele pensou compreender porquê – com quinze anos, tinha agora um homem na sua vida que nunca vira antes, o que deve ter sido assustador, principalmente porque ela tinha sido criada à severa maneira portuguesa. Víctor tinha dezanove anos, um homem com experiência, e parece que Lina se fez rodear de uma invisível parede defensiva.

Víctor só precisou de duas semanas para tomar a decisão de se fixar na África do Sul. Deixou-se facilmente envolver pelo que ele ainda entendia ser um relacionamento arranjado. Facilmente, porque Lina era bonita e satisfazia todos os requisitos de uma rapariga portuguesa decente. Passar tempo com ela significava passar tempo com a irmã mais nova também, visto que o par de namorados não estava autorizado a encontrar-se sozinho. Talvez devido à sua juventude, ou devido ao estatuto de Víctor como namorado de Lina, não se pensava que Elsa precisasse de um chaperon. Isto era uma estranha vigilância de Vidal, e também talvez da mãe de Elsa. Algumas vezes eram acompanhados por um dos irmãos de Lina, o que lhes dava mais liberdade. Os rapazes ficavam felizes de sair por algum tempo, juntando-se aos seus próprios amigos.

Facilmente, ele voltou a fixar-se na África do Sul, porque aceitou um trabalho como metalurgista na Câmara de Exploração Mineira, acompanhado de uma bolsa para prosseguir os estudos. A vantagem adicional é que os dois anos de estudo anteriores na Universidade de Salisbury lhe seriam creditados no seu curso.

Facilmente, porque o espectro do serviço militar na Rodésia pairava ameaçadoramente no ar. Não havia possibilidade de adiamento, como acontecia com o exército português, que também queria um pedaço de Víctor se – ou quando – ele regressasse a Portugal. Lá, pelo menos um adiamento válido mantê-lo-ia fora do exército e fora da prisão. "A guerra estava a aquecer," diz Víctor, "e muitos dos meus amigos tinham perdido a vida. Era injusto. Era uma guerra na qual eu não queria combater."

Facilmente, porque o seu irmão vivia perto, reencontrou velhos amigos e depressa fez novos amigos. Ele gostava muito de Isabel Vidal, a mãe de Lina, e, por causa dela, depressa se deixou levar pela interação familiar que os portugueses tanto apreciam. Em duas semanas mal teve tempo para formar uma opinião sobre Lino de Jesus Vidal, mas achou que poderia lidar facilmente com o imprevisível homenzinho. O pai de Lina não parecia ser um entrave suficientemente forte e, embora Vidal possa ter pensado o contrário, Víctor nada sabia das negociações comerciais do seu pai, que seriam a grave causa do rompimento de relações entre os dois homens. Víctor também não suspeitava do que Lino de Jesus Vidal era capaz, embora talvez tivesse acreditado que tinha avaliado o caráter do homem.

Após uma curta estadia na Rodésia para concluir os seus assuntos e trazer os seus poucos haveres – o que não era uma tarefa onerosa –, Víctor voltou à África do Sul, desta vez para ficar. Com a sorte do seu lado, ele tinha evitado o recrutamento certo no exército da Rodésia, o que envolveria a possibilidade de ferimentos ou morte. Todos os anos morriam mais soldados em combate e a situação havia de se tornar muito pior. Víctor talvez evitasse o recrutamento enquanto estivesse a estudar, porém, em 1978. todos os homens brancos até aos sessenta anos estavam a ser chamados para serviço militar. Os homens mais novos, até aos trinta e cinco anos, passavam seis semanas em casa, e seis semanas no exército.

Quando ele se preparava para um novo começo na África do Sul, realizou-se um acontecimento extraordinário no seu país natal. A 25 de abril de 1974, notícias de um golpe de estado em Portugal chegaram aos incrédulos ouvidos de um mundo farto de guerra. Começaram a circular imagens surpreendentes de pessoas a celebrar e a colocarem cravos nos canos das espingardas dos soldados. A Revolução dos Cravos, como ficou conhecida, indicava também a retirada dos portugueses das suas colónias. Este foi o impulso subjacente ao golpe: oposição de importantes generais, capitães e do exército em geral contra as guerras coloniais. Como consequência da Revolução dos Cravos e da preparação dos portugueses para entregar os seus territórios em África, surgiram novas linhas de batalha acompanhando as óbvias linhas raciais na África austral.

A este respeito, a África do Sul era um dos mais interes-sados intervenientes e, mais uma vez, Víctor se tinha mudado de uma zona sobreaquecida para outra não menos quente. Embora o sinistro espectro do recrutamento não surgisse imediatamente – pelo menos, não pessoalmente para Víctor –, estava a tornar-se tão impossível ignorar a agitação política como também o era para o governo reprimir completamente as notícias sobre ela. Em 1974 um violento conflito atingiu o auge na indústria mineira da África do Sul quando Víctor aceitou a sua nova bolsa de estudos da Câmara de Exploração Mineira. Um dos elementos da onda de violência era uma crescente consciência política, tendo como fatores contribuintes para o aumento da agitação política dos mineiros negros a luta política no Lesoto, a rápida alteração do cenário em Moçambique e Angola, e o agravamento da guerra na Rodésia.

Naturalmente, nenhuma destas coisas ocupava a mente de Víctor à medida que ia conhecendo a sua namorada e em breve noiva, a irmã dela e o resto da família. Ele e Lina desenvolveram rapidamente uma forte afinidade – mas havia uma guerra de vários tipos naquela pequena família, a maior parte empreendida por um permanentemente enraivecido Lino de Jesus Vidal.

A simpatia de Víctor por Isabel igualava o desprezo que sentia pelo marido dela. Víctor ficou incrédulo ao saber como Isabel levava a Vidal o seu chá matinal, colocando-o cuidadosamente na mesa de cabeceira antes de, gentilmente, lhe tirar os pés das cobertas. Um de cada vez, sempre com muita suavidade, ela fazia deslizar uma meia em cada pé. "Porquê? Não sei," disse Víctor, "talvez para que os pés dele não ficassem frios quando ele se levantasse? Nunca compreendi."

O pai era nervoso, insistia Lina, e levava as coisas muito a peito. Esta última razão era clara, quer dizer, Vidal não só levava as coisas muito a sério, como também tinha a tendência de as tomar como se fossem ofensas pessoais. Como o incidente quando derrubou um assistente do posto de gasolina que estava no seu caminho. Vidal tinha a sua versão da história: "O gajo estava a demorar-se. Eu liguei o carro e ele estava de pé quase em frente ao carro, a falar, a falar. Assim eu arranquei e deitei-o abaixo. Então outro gajo sai do carro e vem direito a mim. Ele pergunta-me o que é que eu estava a fazer, por que é que eu empurrei com o carro o empregado da gasolineira!" Vidal conduziu a pequena distância até casa, carregou como um touro enraivecido pela cozinha e saiu outra vez. Surpreendido e alarmado, Víctor e a família esperaram à mesa do jantar, a olhar para o encolerizado homem a entrar e a sair velozmente. Eles estavam ainda espantados com o que, daquela vez, poderia ser, discutindo entre eles, quando Vidal voltou e se deixou cair na sua cadeira à mesa. "Ele não estava lá quando eu voltei," cuspiu em resposta à pergunta de Víctor. "Eu ter-lhe-ia dado um tiro, ali mesmo. As pessoas não fazem pouco de mim e ficam sem o devido castigo!"

Lina e Elsa contaram-lhe histórias das violentas explosões e ataques de ciúmes do pai. Uma vez ele lançou com violência um candeeiro a Isabel de lado a lado do quarto, acusando-a, aos gritos, de ela estar a ter uma aventura amorosa, e a correr atrás dela enquanto ela fugia para se salvar. Ou ele não tinha boa pontaria ou ela tinha a sorte dos anjos, porque ele falhou quando lhe deu um tiro. "Ali," apontou Víctor para a parede pré-fabricada da propriedade do outro lado da rua da casa onde vivia a família Vidal. "O buraco por onde a bala entrou ainda lá está. É por causa disto que a polícia o conhecia, por causa de incidentes como este. Ele disparou mais de uma vez e a polícia teve de vir para o meter na ordem." E uma vez ameaçou as filhas, assustando-as tanto que elas se fecharam no quarto de dormir depois de ele lhes ter dito que elas "acordariam mortas".

Isabel ficou naquele casamento, sem dúvida por razões múltiplas: primeiro a sua rigorosa educação religiosa e, segundo, o que era considerado o comportamento aceitável das mulheres casadas, enraizado durante gerações. Anos mais tarde, quando ela lhe disse que queria renovar os votos de casamento com o marido, Víctor não quis acreditar. "Porquê? Quantas vezes desejou que Deus o levasse num acidente de carro, ou coisa assim?"

Talvez Isabel tivesse recordado o tempo em que ela era uma rapariga, com apenas dezassete anos, nas verdes colinas de Gondomar. Ela era a mais nova, nascida muito depois dos irmãos, numa família relativamente abastada. A mãe era viúva e estragava a sua menina com mimos, e numa ocasião comprou-lhe uma máquina de costura. A loja que lhe vendeu a máquina oferecia lições de costura gratuitas, que a graciosa e jovem Isabel alegremente aceitou. Foi ali que ela viu Vidal pela primeira vez, que era um técnico da loja. Não demorou muito que ela inventasse um problema na máquina de costura que requeria que o técnico fosse à casa dela num domingo, embora ela negasse vigorosamente estar interessada no jovem. Mas depois disto eles encontraram-se na paragem do autocarro adiante da casa dela. Aquilo não poderia continuar sem ser descoberto, e o imprudente casal foi descoberto a abraçar-se por uma pessoa amiga da família. Ela negou outra vez, mas por fim revelou o segredo à mãe, que não podia recusar nada à filha. Isabel tinha-se apaixonado pelo pequeno técnico da máquina de costura. Ela chorou, sem dúvida, quando soube do sofrimento da infância do jovem, sentiu pena do rapaz que teve de esperar, numa fila, por uma malga de sopa (se tivesse sorte) dos pobres – pois embora Portugal se tivesse mantido neutro durante a segunda guerra mundial, o país sofreu com falta de géneros –, que tinha tido uma educação desprovida de amor, com uma avó severa e agressiva. Quando ela o encontrou, Vidal não tinha dinheiro e vivia num quarto. A mãe da Isabel pagou todo o casamento, incluindo o quinhão que pertencia ao noivo. Costumava-se dizer o seguinte: "Se tivesse pato no copo de água, era sinal de que a vida estava a correr bem. Se também oferecesse porco, de certeza que tinha dinheiro."

Hoje Isabel ainda é delgada de corpo, tem o cabelo curto, grisalho, e um rosto bondoso que não aparenta a idade. Ela sorri levemente quando fala do seu recentemente falecido marido. Lino de Jesus Vidal prometeu fielmente que um dia pagaria a sua parte das despesas do casamento. "Isso foi há sessenta e dois anos," diz ela, "e, até hoje, nada recebi."

17

Altos e baixos

Geralmente ele sentava-se à mesa sem dizer uma palavra. Era um silêncio total. Bom, com exceção do barulho que ele fazia a mastigar a comida e a resfolegar pelo nariz como um búfalo, com as narinas completamente abertas de irritação. O homem a quem dei o nome de 'Aborto' era completamente louco. Não, mais do que isso, aquele homem era perverso, o oposto do seu nome, Jesus. Um dia eu estava no carro, lá fora, à espera de Lina e de Elsa, e a Isabel saiu de casa a correr e a gritar que ele estava a partir tudo na cozinha.

Ele vivia carregado de raiva. Acho que era como ele se sentia bem. Ele passava muito tempo na oficina no quintal da casa, a tentar fazer a sua arma de fogo. Sim, é verdade, ele ofereceu-me um lugar para morar, mas não posso dizer que tenha sido uma oferta feita do fundo do coração. Dele nunca vi nada no género, e nunca o vi demonstrar afeto ou amor pelos filhos, mulher ou qualquer outra pessoa.

Não acredito que ele tivesse medo de mim, como disse depois de me ter dado um tiro. Eu tinha quase vinte anos quando o conheci, e pensava que já sabia tudo. Sabes como é quando somos jovens. E eu nunca fui de ficar calado, por isso disse o que pensava. Eu também falei a sério. Portanto, sim, penso que, mais cedo ou mais tarde, lhe teria batido. Talvez lhe tivesse batido naquele dia, porque queria que ele deixasse de maltratar a minha namorada. Quando a Lina me disse que ele lhe tinha batido por causa daquele estúpido incidente de sábado à tarde – e ainda não sei do que realmente se tratava, só podia imaginar –, quando Lina me disse o que ele tinha feito, resolvi impedir os disparates dele de uma vez para sempre.

Víctor MATRICULOU-SE NA Universidade de Witwatersrand, e ficou na residência dos estudantes. Durante as férias, esperava-se que ele adquirisse experiência prática numa mina. Teve sorte porque o pedido de ser colocado perto de Joanesburgo foi aceite, e foi destacado para a West Rand Consolidated Mines, em Krugersdorp. Tinha direito a acomodação grátis na residência da mina para os homens. Contudo depressa começou a sentir-se isolado do mundo real, e embora soubesse que era um arranjo temporário, sentia falta de contacto com a família e amigos. E, especialmente, lamentava que fosse impossível ver a namorada com frequência. Ele não tinha nada em comum com os homens mais velhos que residiam na mina, por isso preferiu ficar em Joanesburgo.

Viajando no comboio, de manhã cedo, da estação de Cleveland para Krugersdorp, àquela hora do dia Víctor era, muitas vezes, o único passageiro na carruagem só para brancos. As carruagens de trás, reservadas para os que não eram brancos, ficavam com a lotação esgotada. "Aquelas carruagens ficavam superlotadas, com pessoas penduradas do lado de fora das portas," lembra-se Víctor. "E então podia-se ver como aquelas pessoas eram subjugadas pelo regime." Ele também não podia deixar de ver as passagens subterrâneas separadas para brancos e os não-brancos nas estações de caminho de ferro, as bilheteiras separadas, e a segregação das casas de banho públicas. "Não admira que se sentissem tão rebaixados que não pudessem olhar-nos de frente a caminho da mina. Pelo menos era o que eu pensava até que me explicaram que eu era superior, que o homem branco tinha de cumprimentar primeiro. Uau! Depois todos retribuíam o cumprimento, mas como é que eles se sentiam tendo de passar por coisas como estas?"

Durante algum tempo Víctor ficou na casa de Nelito e de Ana, ao virar da esquina da casa da Lina e família. Com a ajuda do pai, Víctor comprou um Ford Cortina de duas portas pela quantia de seiscentos randes (cerca de 41.26 euros). Augusto ajudou-o com o depósito e Víctor pagava as prestações mensais de cinquenta randes (3.44 euros). Nessa altura ele precisava de viver na área porque tinha conseguido um emprego a tempo parcial num cinema perto, o cinema ao ar livre Stadium, por isso, quando uma discussão com Ana por causa de uma insignificância o deixou sem alojamento, ele aceitou de boa vontade a oferta do seu futuro sogro (nessa altura admitia-se como certo que ele e Lina se casariam). A casa em que a família Vidal vivia era pequena, e todos os quartos estavam ocupados, por isso foi posta uma cama para ele na garagem. "Durante um tempo foi bom," diz ele, "era apenas para dormir."

Víctor gostava de trabalhar na bilheteira no portão do

drive-in[31], principalmente porque gostava da interação com os clientes. Muitos rapazes chegavam com as namoradas, acompanhados por uma rapariga que servia de pau de cabeleira para o casal. "Ó pá," talvez dissessem para Víctor, "o que fazes depois disto?" Era o sinal para ver onde o carro estava e distrair a chaperon. Ele escolhia aquela de cuja aparência gostasse mais, talvez a levasse para a cabine da bilheteira ou procurava um lugar escuro – no verão as noites eram suficientemente moderadas para se ficar ao ar livre – e mantinha a jovem (e a ele próprio) animadamente ocupada por algum tempo. "Fazia tudo mais divertido," Víctor ri-se. Lina começou a trabalhar na cafeteria do drive-in, mas isso não afetou a atividade de Víctor de entretenimento de acompanhantes. "As horas de trabalho eram excessivas, mas eu aguentei porque ganhava uns randes a mais," diz ele. Ele precisava de dinheiro.

Era o último ano de escola da Lina e os dois queriam casar-se. Víctor precisava de dinheiro para alugar um apartamento, para comprar mobília, para pagar o casamento. Ele ainda estava a estudar e o seu arranjo de alojamento tinha-se tornado insustentável. A garagem de Vidal já não era uma alternativa viável – não, a partir do momento que Víctor descobriu caganitas de roedor na sua amarrotada cama – ele não queria saber se eram de rato ou ratazana. Também não havia mais a opção da residência, quer fosse na mina ou na universidade.

***

Víctor tinha escolhido o percurso da metalurgia porque o ia manter acima do solo. A sua única excursão às profundezas da mina serviu para fortalecer a sua decisão. As condições de trabalho subterrâneas eram terríveis, uma mistura barulhenta de poeira, água e objetos a cair.

---

[31] Cinema ao ar livre.

"Aquela rocha caiu durante a última explosão," disse o guia ao grupo de funcionários estagiários. "Era tão grande como uma casa," recorda Víctor. "Aconteciam toda a espécie de coisas quando explodiam rochas nos túneis subterrâneos. Quando olhei para cima, pude ver através dos níveis superiores. O capataz que nos levou tinha de gritar mais alto do que os martelos pneumáticos para se fazer ouvir."

Meses mais tarde, quando o gerente geral da mina chamou os estagiários ao seu escritório, a experiência de ter estado nas profundezas da mina estava ainda fresca na mente de Víctor. "Como sabem há uma greve. Eu preciso que vocês vão trabalhar lá em baixo durante um tempo até que a situação fique resolvida. Há alguma objeção?" Talvez o Sr. Van Emminis não devesse ter perguntado aquilo, mas provavelmente não faria diferença. Houve um silêncio, enquanto os jovens funcionários que trabalhavam acima do solo olhavam uns para os outros.

"Eu não me matriculei para isso," disse Víctor. "Eu estive lá em baixo uma vez e nunca mais irei outra vez. Eu não censuro os homens por fazerem greve se tiverem de trabalhar em condições como aquelas."

Van Emminis tentou intimidá-lo com o olhar. "Então, se não está preparado para ajudar a mina a sair desta dificuldade, é melhor apresentar a sua demissão."

"Então dê-me um pedaço de papel." Pegando no papel, Víctor redigiu a sua demissão e entregou-a ao encolerizado Van Emminis. Encorajado, um colega fez o mesmo, e depois outro. Seis demitiram-se naquele dia. Só um ficou, um jovem africander, cujas motivações eram desconhecidas.

"Durante algum tempo vivi no meu Ford Cortina vermelho," contou Víctor. "Não podia continuar a dormir na garagem do Vidal sabendo que ratos a partilhavam comigo!" Passava a noite na esquina do parque automóvel na Rua Jules, e todas as manhãs lavava-se rapidamente na torneira do lado de fora do Kentucky Fried Chicken[32]. O jantar era em casa dos Vidal, onde também podia tomar banho. "Mas não era vida. Eu sabia." Começou à procura de um apartamento adequado aos seus recursos, mas, com o fim da bolsa de estudos e do estágio, também tinha de procurar um emprego. O trabalho no drive-in não lhe dava para viver. Contudo houve algumas notícias boas: não teria de devolver nada referente à bolsa de estudos. Ainda melhor, teve um pequeno reembolso pelo tempo de trabalho.

A contemplar o nascer do sol enquanto escovava os dentes na torneira atrás do Kentucky Fried Chicken, estabelecimento da cadeia alimentar de comida-rápida, Víctor estava determinado a mudar a sua situação para melhor. No princípio de Agosto, a temperatura das noites ainda frias do fim do inverno subia rapidamente. Os dias eram quentes e soalheiros, as noites sem nuvens. Era o tempo perfeito para o cinema ao ar livre: suficientemente claro para os filmes se verem bem à noite, suficientemente fresco para justificar que os jovens namorados cobrissem os seus abraços com cobertores. "Eu não ia cruzar os braços e esperar. Eu tinha metas, apenas tinha de planear como conseguir atingi-las." À medida que a primavera se seguia ao inverno, Víctor não fazia ideia de como os seus planos para o futuro estavam prestes a ser violentamente perturbados.

---

[32] Restaurante popular onde se pode ir buscar pratos de galinha para comer em casa.

18

Casamento com bala alojada no corpo

As ruas de Hillbrow[33] eram estreitas, mas à noite as pessoas estacionavam os carros dos dois lados. Vidal dirigia rua abaixo e um gajo vinha da direção oposta. Não havia espaço para os dois carros passarem, mas havia um pequeno espaço em que Vidal podia encostar. Mas ele não cedia a passagem. O outro gajo saiu do carro. Era um homem grande, e disse para Vidal: "Ó homem, por favor, porque não encosta nesse espaço?"

Vidal recusa, mas de repente agarra um pedaço de uma cana de pesca que tem no carro e atira-a à cara

---

[33] Hillbrow: famoso bairro de Joanesburgo com uma grande densidade populacional.

do homem, fazendo-lhe um corte. Que grande erro! O homem bate-lhe, partindo-lhe o maxilar. Mais tarde Vidal teve de ser operado para evitar que ficasse cego do olho direito, algo consequente daquele soco. Ele voltou para casa de taxi e nós ficámos aborrecidos, o Nelito e eu, sem sabermos que ele é que tinha iniciado a luta. Devíamos ter adivinhado.

Fomos à procura do homem que lhe tinha feito aquilo. Um amigo dele disse-nos: "Ele é um gajo bom, ele não ia espancar ninguém sem razão." Quando eu o confrontei por causa daquilo, Vidal admitiu o que tinha acontecido e contou-me a verdade. Mas em seguida, mais tarde, alterou a história. Fazia sempre o mesmo. A culpa nunca era dele.

VIDAL FOI AGREDIDO, num dia de janeiro de 1976, no violento incidente de trânsito devido à sua conduta agressiva numa das ruas de maior circulação de Hillbrow. Nessa altura a amizade entre Augusto e Vidal já havia terminado há muito, mas Víctor não sabia. Augusto nunca tinha confiado em nenhum dos seus filhos, guardava os seus assuntos para si. Vidal, sendo o homem que era, empreendeu nas ofensas que tinha sofrido nas mãos de Augusto Rebelo e, no processo, começou a incluir Víctor como se fosse de alguma forma cúmplice dos 'delitos' do pai. Claro que Víctor desconhecia totalmente o assunto, que envolvia um negócio que Vidal tinha estabelecido – segundo ele a ideia tinha sido de Augusto – e que tinha fracassado. O negócio não só se tinha desmoronado, como Vidal se achou com muito menos dinheiro na sua conta bancária do que ele supunha, e também parecia culpar Augusto por isso.

Vidal não só se agarrava a rancores, alimentando-os até que se transformavam em histórias de maus tratos que lhe definiam a vida, como também era um colecionador de objetos. Aquele homem guardava tudo, mesmo coisas pequenas," disse Víctor, "e Isabel encontrou esta carta depois de ele morrer." Mesmo nas últimas linhas da carta dirigida a Víctor, Vidal dizia: "O teu pai tem o nome de Cruz. E eu tenho o nome de Jesus. Guarda esta carta se quiseres, para saberes a história de alguém que foi teu amigo, mas para ti ele já não existe mais. Ele morreu."

Quando Lino de Jesus Vidal escreveu a carta, referia-se à sua morte simbólica. Numa reviravolta tão irónica como as próprias cartas (porque eram duas), Víctor só as recebeu depois do homem que lhe deu um tiro ter falecido.

Lino escreveu a primeira carta a 18 de junho de 1975, dirigindo-a a Víctor Manuel de Amorim Barreira Rebelo, mas nunca a entregou. Escritas a lápis, o autor encheu três longas folhas de papel de desenho, de cor creme, riscando palavras e corrigindo outras à medida que escrevia. É possível que tenha escrito as cartas na secretária atafu-lhada na parte de trás da sua pequena loja da Rua Jules, obcecado pela suposta maneira como a família Rebelo se tinha aproveitado dele.

Uma vez mais, Víctor chegou à conclusão de que não tinha conhecimento dos pensamentos que Vidal alimentava, e se notou qualquer animosidade do seu futuro sogro, não lhe prestou atenção. Afinal, o homem, geralmente, era mesquinho e mal intencionado, tomava tudo como ofensas pessoais e guardava rancor a todos e sobre tudo. Assim Víctor prestou pouca atenção ao mau humor de Vidal num domingo que teria sido inteiramente corriqueiro se não fosse pelo que aconteceu no dia seguinte.

No dia 15 de agosto de 1976, Víctor e o irmão entretinham-se a jogar um jogo de cartas quase agradável com Vidal e a mulher quando foram interrompidos por um visitante. Era Hannes Conradie, o gerente do cinema ao ar livre. "Olá, Vic," disse ele, "ó pá, estou com problemas. Tu e a Lina podem vir ajudar com o filme português? Os outros tipos não apareceram."

"Claro, Hannes, nós vamos ajudar. Vou buscar as minhas coisas," respondeu Víctor. Pela primeira vez estava a ganhar vinte randes no jogo, por isso soube bem acabar em alta. Fosse porque isto aborreceu Vidal, ou o facto de Víctor ter concordado em ajudar em nome de Lina, o velho resmungou: "Não posso esperar que todos vocês estejam fora da minha casa!"

"Bom, então já não falta muito," Víctor atirou o casaco pelo ombro quando saiu de casa, "seja como for damos o nó em Dezembro!" Embora não tivesse proposto casamento à namorada, era tido como uma certeza que eles casariam, e ele estava decidido que isso acontecesse depressa. "Lina, vejo-te lá? Nelito, dás-lhe uma boleia?" Lina ainda tinha de ajudar a lavar e a arrumar a loiça depois do almoço de domingo, por isso não podia estar pronta tão depressa como Víctor. O verdadeiro problema começou quando ela chegou ao cinema, a chorar amargamente.

"O que aconteceu, Lina?"

"Ele bateu-me, Vic. Ele estava tão zangado depois de tu teres saído..." Víctor olhou para Nelito, que acenou a cabeça afirmativamente.

"O filho da mãe! Não aturo mais os disparates dele!"

"Não! Não, Vic, acalma-te," apelou Nelito. "No estado em que tu estás, vais fazer alguma coisa drástica. Vamos, acalma-te, pensa no que vais fazer, e amanhã vai falar com ele."

***

É possível que Vidal estivesse convencido que Víctor lhe

ia bater, como alegou no tribunal onde foi acusado de ter atirado à queima roupa no seu futuro genro. Também é possível que ele acreditasse que a família Rebelo (pelo menos os elementos masculinos) tinha alguma espécie de espírito de vingança contra ele; que tivesse medo que Víctor, deliberadamente, o atingisse no lado direito da face para deslocar o olho já lesionado, resultado do ataque, injustificado, no princípio do ano, em Hillbrow. Talvez ele também estivesse convencido que, de alguma maneira, a culpa era de Nelito, em parte por deliberadamente atiçar as chamas da raiva do seu irmão mais novo, pensava ele. "Pensei sobre as declarações sujas e falsas do teu irmão," escreveu Vidal na carta que datilografou mais tarde, "ele disse que eu quis matar a minha filha com um machado. Ele também disse que eu tinha seis balas para matar o teu pai, ou até para te matar a ti. Foi uma bela história que o teu bom e caro irmão forjou. O teu irmão, o culpado da bala que apanhaste no estômago."

Talvez Vidal fosse atirar em alguém, mais cedo ou mais tarde, descarregando a sua raiva e obsessões íntimas com armas de fogo, mania da perseguição e uma vida inteira de humilhação por ser o homem mais pequeno e franzino em qualquer parte, o que o tornou num indivíduo cheio de complexos. A realidade que Vidal criou para ele próprio fez de Víctor essa pessoa, e 16 de Agosto de 1976 foi o dia.

"Cheguei a casa, da escola, para encontrar Víctor no hospital e o meu pai na prisão," lembra-se Lina. Ambos os homens estavam em Hillbrow, Víctor numa sala de operações no Hospital Geral de Joanesburgo, e Vidal numa cela do infame Forte[34].

---

[34] Este Forte foi a primeira prisão em Joanesburgo para homens, mulheres e crianças. Foi construído para os criminosos brancos da crescente cidade mineira que era Joanesburgo, no século XIX, tanto políticos como autores de crimes comuns. As celas estavam superlotadas e eram anti-higiénicas, e as celas de isolamento dos prisioneiros terríveis e traumáticas. Hoje tem o nome de Constitutional Hill, que significa Colina Constitucional, e é um museu. 'Infame Forte' porque ali se cometeram muitas injustiças.

A operação correu tão bem como era de esperar. "Os médicos tiveram de pescar a bala, procurar onde se tinha alojado, mas claro que eu não sabia de nada naquela altura", recorda Víctor. "Eles deixaram a ferida aberta para controlarem a infeção, mas no fim coseram-na a sangue frio. Disseram que era uma técnica nova, mas foi um desastre." O procedimento foi agravado por camadas de gordura, o que queria dizer que os pontos finos e bem ordenados que tentavam fazer rompiam e dilaceravam a pele. Por isso fizeram pontos grandes e largos, escavando buracos fundos na carne sem anestesia. O resultado foi uma cicatriz com saliências, altos e baixos, toda recortada, de tal maneira que parecia que uma criança tinha andado a praticar costura com uma agulha enorme e linha grossa no estômago de Víctor. E a bala? A bala não só foi deixada no corpo – por estar demasiado perto da espinha para se poder fazer uma extração segura –, como ainda a costura inestética e cheia de nódulos não cicatrizou bem, purgando durante anos. Porém Víctor assume a responsabilidade disso. "Desobedeci aos médicos e paguei um alto preço, mas tinha de voltar ao trabalho no cinema ao ar livre. Deitado na cama do hospital, propus casamento à Lina, e eu estava decidido a casar antes do natal." Mesmo que não se tivesse demitido do seu trabalho na mina, o tiro teria finalmente acabado com quaisquer ideias que ele tivesse tido acerca de completar o curso. Ele tinha perdido demasiado tempo e aumentava a pressão da necessidade de ganhar um ordenado decente. Se outra razão não houvesse, o ter escapado da morte por um triz deu a Víctor um incentivo maior para tirar o máximo proveito da vida. O que ele tinha já aprendido, academicamente e com a experiência, foi o suficiente para conseguir uma posição como metalurgista na empresa Brockhouse South Africa.

No seu estilo típico, em cerca de três meses o ainda

convalescente Víctor mobilou um apartamento pequeno, organizou o casamento, e começou a trabalhar num novo emprego. A 3 de dezembro de 1976, teve a sua despedida de solteiro, que ele celebrou de forma tradicional bebendo demais. Casou com Rosalina de Jesus Vidal no dia seguinte, padecendo de uma terrível ressaca. Foi apenas devido aos esforços determinados e perseverantes de Isabel Vidal que a filha teve um casamento católico. Víctor estava preparado para desistir de tudo depois de ter discutido com o bom padre da igreja de Bezuidenhout Valley[35], mas Isabel convenceu o padre da Igreja Católica de Malvern a realizar a cerimónia. Víctor concordou, principalmente porque o novo padre não insistiu em respostas sobre assuntos que não eram da sua conta, como por exemplo se eles tencionavam ter filhos.

Foi um casamento apenas com família e amigos mais chegados. Quer dizer, sem a família de Víctor. A sua mãe não só estava fora do país, como mãe e filho não se falavam devido às acusações de que Lina estava por trás do disparo. O pai de Víctor há um ano ou pouco mais tinha regressado a Portugal. Nelita vivia em Portugal há vários anos, e o irmão de Víctor, de repente, decidiu deixar o país.

"Nelito começou com macaquinhos no sótão por causa de um problema profissional," disse Víctor, "e foi para Portugal um mês antes do casamento. Ele devia ser o meu padrinho, mas deixou-me de mãos a abanar." Num casamento português, uma das primeiras obrigações de um padrinho é comprar as alianças. Víctor não as podia comprar. "Eu não tinha ideia de como ia pagar o copo de água, porque estava sem dinheiro." No entanto a ajuda não estava longe, e de alguém inesperado. Fernando, um amigo de Nelito, substituiu-o como padrinho e ofereceu as alianças. Veio mais apoio do pai de um amigo meu, o Ivo –

---

[35] Bairro de Joanesburgo predominantemente habitado por portugueses.

espontânea e inesperadamente, mas muito benvindo – na forma de um cheque. "O meu pai não estava, não estava ninguém da minha família. Por isso não tive nenhuma ajuda deles. Mas naquele tempo mil e duzentos randes (80,72 euros) era muito dinheiro, e foi uma grande ajuda. Sem isso eu não seria capaz de pagar o copo de água."

***

Pela primeira vez desde o tiro, Víctor viu Vidal no casamento, que tinha sido solto sob fiança e aguardava o julgamento. Numa fotografia muito reveladora, os recém casados, a sorrir, estão, em pé, entre a mãe e o pai de Lina. Isabel tem um aspeto feliz, com o braço enfiado no de Víctor. Do lado oposto, um Vidal carrancudo está afastado da filha, com as mãos atrás das costas. Lina desvia-se dele, inclinando-se para o marido, e a pequena menina das flores, ligeiramente em frente a Lina, também se mantém um pouco distante de Vidal. O pai da noiva, com um ar muito sério, tinha tido muito tempo para refletir nos acontecimentos daquela segunda feira de agosto quando deu um tiro a Víctor.

No entanto, subjacente à raiva e ao ressentimento causados pelas injúrias que imaginava sofrer constantemente às mãos de um mundo hostil, talvez tenha havido tristeza. Terá Vidal entendido a partida de Augusto para Portugal como um abandono, não só dele próprio – um amigo – mas também dos seus dois filhos? Vidal talvez tenha sentido que Augusto, anteriormente, tinha abandonado Víctor, quando deixou a Rodésia. Embora nem Víctor nem Nelito tenham encarado a partida do pai como uma traição, Vidal deve ter sofrido por eles, tendo o comportamento do seu amigo de infância reaberto as velhas feridas de perda e abandono da sua infância. Aos seus olhos, ele tinha generosamente – e estranhamente,

155

por não ser sua característica – aberto a porta da sua casa, como um pai substituto, aos dois jovens. Eles não tinham notado, nem tinham apreciado os seus esforços e tinham-no desrespeitado. E pior de tudo, parecia que eles não precisavam nada dele.

19

Vida de casado e memórias

Sabes, enquanto estava a estudar, fui muitas vezes a Krugersdorp, por causa da mina, claro. Eu imaginei que estava no dormitório, com o rádio ligado, como era costume – eu precisava de música enquanto estudava – quando se soube a notícia que tinha havido um roubo no Standard Bank de Krugersdorp. Os tipos devem ter obtido os planos do edifício na câmara municipal, porque eles sabiam exatamente onde deviam escavar.

Fui lá e encontrei a loja. A terra tinha sido posta em sacos dentro da loja. A estrutura de apoio estava bem feita. Os ladrões tinham alugado uma loja um pouco abaixo do banco, e devem ter estado ocupados durante algum tempo a escavar um túnel da loja para o banco. Cobriram as janelas da loja com jornais para que as pessoas não espreitassem lá para dentro. Eles tinham de saber o que estavam a fazer, talvez fossem engenheiros e tivessem conhecimento de minas para montarem apoios e vigas como aqueles.

Eles escavaram através da parede da caixa-forte até ser tão fina como papel, e então, no último dia – claro, porque havia alarmes e coisas na caixa forte –, entraram e levaram o que quiseram. Foi um trabalho bem feito, e nunca acharam os tipos, nem sequer o Notório Sr. Nightingale[36] ou fosse qual fosse o seu nome. Entraram na caixa-forte num sábado à tarde e levaram as caixas e tudo o mais que podiam carregar, e depois foram-se embora. O roubo só foi descoberto segunda feira de manhã e, inicialmente, pensou-se que devia ter sido um trabalho de dentro, um trabalho interno.

Nunca ninguém realmente soube o valor total do roubo por causa das caixas particulares guardadas na caixa-forte. Ninguém, de facto, realmente sabe o que estava dentro delas. E ninguém dirá a verdade, evidentemente, por causa do fisco e tudo o mais.

VÍCTOR DEIXOU DE estudar em 1976, quando apanhou o tiro, e o Standard Bank de Krugersdorp foi roubado no último fim de semana de Abril de 1977. Víctor foi apanhado de surpresa quando teve a consciência disto, porque o que a sua mente lhe comunicava no momento era que as suas memórias eram tão fortes que ele, mesmo antes de ter visitado o local, era capaz de visualizar como era o túnel escorado. Mas Víctor não resistiu à tentação de ir lá, e o que viu confirmou as suas suspeitas: só quem

---

[36] Nightingale era o nome do homem que alugou a loja a partir da qual escavaram o túnel.

tivesse estudado engenharia – como ele – e quem tivesse conhecimento de minas podia ter sido o responsável pelo roubo.

Os artigos dos jornais referiram a perícia requerida para construir e escorar o túnel e como estava bem construído. Especulavam se os ladrões teriam conhecimento de técnicas de mineração. A terra foi metida num pequeno quarto em sacos de plástico, e papel foi colado nas janelas para evitar os olhares curiosos. Todos os factos que Víctor tinha visto, e mais, foram referidos em vários jornais. Assim como estavam fotografias do túnel e da loja, bem como desenhos e medidas de toda a operação.

Víctor crê ter uma boa memória, não o engana quando ele recorda que tinha estado a trabalhar na Brockhouse South Africa durante um mês antes de ter casado, por isso, mesmo se ele tivesse tido recursos para uma lua de mel, seria impossível conseguir férias. Depois do casamento ele estava falido. Tinha sido um fim de semana rodopiante com todas as atividades ligadas ao casamento, com a usual despedida de solteiro com a habitual bebedeira, e não tinha sido capaz de saborear o típico copo de água português servido no Restaurante Mundo Português. Não foi por culpa do restaurante, que eles partilharam com outro casamento (nem sequer lhe tinha sido possível reservá-lo todo), e valeu a pena a quantia cotada e paga. Os convidados (dos dois casamentos) deliciaram-se com a habitual ementa portuguesa de camarões, frango e maruca. Havia também arroz à valenciana, um prato de arroz e camarão, assim como rissois de camarão, pasteis de bacalhau e croquetes. Tudo isto foi seguido da deliciosa doçaria portuguesa, mas Víctor nem podia olhar para ela. O casamento acabou calmamente, tendo o jovem casal ido para o pequeno apartamento que Víctor tinha alugado e mobilado para eles. Nessa altura, cerca das oito e meia da noite, o apetite de Víctor tinha voltado em força, por isso eles pararam na Doll House,[37] em Malvern East,[38] para ele comer torradas recheadas de carne moída e uma coca cola. A última coisa no pensamento de Víctor, e porque não estava nada interessado, era saber que a franquia Doll House tinha nascido há mais de meio século.

O primeiro restaurante à beira da estrada Doll House, na Avenida Louis Botha, foi concebido por três americanos, antigos missionários mórmon[39] com habilidade para jogarem basebol, que tinham o sonho de fazer e vender gelados. Com o seu telhado vermelho e três trapeiras, o restaurante da avenida Louis Botha não se parecia nada com uma casa de bonecas, e era um dos estabelecimentos da cadeia que abriu na África do Sul nos últimos anos de 1930. Abrindo as portas ao público em 1936, o restaurante à beira da estrada Doll House, em Joanesburgo, na década de 1970, era uma sólida casa comercial reconhecida como um ponto de referência. Para muitas famílias, ou casais, era um prazer parar os carros no pátio do lado de fora e transformá-lo numa casa de jantar pelo acrescentamento de bandejas de metal encaixadas por cima das janelas e equilibradas na carroçaria do carro. Diz-se que foi aqui que Joe Slovo[40] e Ruth First[41] se encontraram para discutir o banimento oficial da ANC em 1960. Porquê a Doll House, talvez se perguntem? A resposta é simples: não podia haver aparelhos de escuta instalados pela polícia no parque de estacionamento completamente aberto. A área de estacionamento também viu conflitos ocasionais entre grupos de judeus e libaneses, ambos os grupos com salões onde havia ocasiões

---

[37] Nome de um restaurante famoso à beira da estrada. Doll House significa casa de bonecas.

[38] Parte leste do bairro de Malvern.

[39] Seguidor da igreja cristã mórmon.

[40] Ativista contra o apartheid, secretário e teórico do Partido Comunista Sul Africano. Faleceu em 1995.

[41] Esposa de Joe Slovo, oponente e ativista contra o apartheid.

recreativas para os jovens; e também rixas entre os libaneses e os portugueses. Geralmente, as pessoas que faziam sinal de luzes para serem atendidas não estavam envolvidas em encontros políticos secretos nem a ver se um lugar era o ideal para um conflito cultural.

Quem sabe que atividades clandestinas se terão realizado na Doll House, em Germiston, o que era completamente diferente do cinema ao ar livre Stadium onde Víctor passava tantas e longas horas. Como Víctor, os clientes habituais alinhavam no restaurante à beira da estrada, com as suas trapeiras, imagens distintas do restaurante, querendo alguma coisa para comer, talvez um deleite para as famílias, pontuando as suas vidas habituais com hamburguers e batidos de leite. Cansado, com a fome satisfeita, Víctor e a sua recém-casada noiva entraram e saíram do restaurante Doll House à beira da estrada (que mais tarde se tornou no Pure and Cool[42]), em Malvern, sem fanfarra ou incidentes, um carro mais entre milhares, talvez centenas de milhar, que, ao longo dos anos, visitariam o restaurante.

No domingo, o dia a seguir ao casamento, eram os seus anos. "Quando fui pagar a conta ao Restaurante Mundo Português, o dono convidou-me para almoçar." Se não fosse por isso, talvez Víctor não tivesse tido nenhum almoço, quanto mais ser capaz de festejar o seu aniversário. Com a conta do copo de água paga, ele estava sem cheta.

Na segunda feira, o seu velho Cortina encarnado avariou e teve de ir a pé para o trabalho. Lina queria ver a mãe, e assim pegou em algumas garrafas vazias que levou ao café e com o dinheiro do depósito pagou o bilhete do autocarro. Ela estava quase a fazer dezoito anos, só tinha acabado o liceu no mês anterior, e estava longe de se adaptar à vida de uma jovem mulher casada.

---

[42] Puro e Fresco.

Tal como se verificou (e Víctor ter-vos-ia dito 'eu disse que ia tudo correr bem, não disse?'), tudo correu pelo melhor, porque dezembro era um mês sossegado na fábrica e quase todo o pessoal estava de férias. Isto queria dizer que o patrão, Stewart Turner, era capaz de dedicar tempo e energia ao seu novo protegido. Um mútuo e instantâneo entendimento tinha nascido entre Turner e Víctor. "Ele era um tipo prático, realista, e aprendi tanto com ele que depois do primeiro mês senti que tinha um doutoramente em metalurgia." Na altura em que o resto do pessoal regressou ao trabalho, tinha-se estabelecido entre os dois uma conexão tão forte que alguns empregados mostraram descontentamento por terem percebido a nítida vantagem de que o novato gozava.

Na frente doméstica, Víctor e Lina iniciaram o processo de se estabelecerem no apartamento na rua Adderley, em Malvern. Lina, claro, manteve a ligação com a família, mas Víctor afastou-se da casa dos Vidal, pelo menos até depois do julgamento.

Foi a 18 de janeiro de 1977, uma terça feira, no Tribunal Regional de Joanesburgo, que Víctor relatou ao juiz P. H. S. van Zyl como tinha sido baleado. Quando chegou a vez de Vidal, este falou do medo que tinha sentido. "Ele gritou: 'Eu vou-te partir todo'," disse Vidal no tribunal. "Ele era um perito de karaté, foi o que ele me disse."

"Não é que eu sentisse pena do tipo, mas Isabel implorou-me que ajudasse." Víctor tem os olhos cheios de lágrimas quando fala daquele momento, no tribunal, quando ele pediu ao magistrado para não mandar para a prisão o homem que lhe tinha dado um tiro. "Se o condenar a prisão, a família vai sofrer," pediu Víctor ao magistrado. "Ele é o único ganha-pão. É melhor tirar-lhe a arma."

"Mesmo que tenha pensado que era necessário

defender-se, foi demasiado longe," disse o magistrado a Vidal. Ao pronunciar a sentença, ele levou em consideração a veemente súplica de Víctor. Vidal foi condenado a cinco anos de prisão por assalto com intenção de cometer danos corporais, suspensa por cinco anos, tendo sido absolvido da tentativa de assassinato. O incidente nada fez para esfriar a raiva que Vidal sentia contra um mundo injusto. Quanto mais não fosse, a perspetiva de ser reconhecido ao jovem com quem a filha tinha acabado de casar aumentou o ressentimento. Mas apesar disso, o mundo continuou a girar e a família continuou a viver as suas vidas. Vidal encontrou consolo refugiando-se na sua oficina, tentando dar forma a uma arma de fabrico caseiro.

Alguns meses depois do casamento, tornou-se evidente que Lina estava grávida. Tanto ela como Víctor naquela altura trabalhavam no cinema ao ar livre Top Star para fazer face às despesas. Víctor abriu uma conta para roupa para que a esposa pudesse obter o vestuário de que precisava à medida que o corpo mudava rapidamente de forma. Quando ela teve de deixar de trabalhar, precisava de alguma coisa para a ajudar a passar o tempo em casa. Víctor já estava enterrado até ao pescoço em dívidas, por isso não podia abrir outra conta. "Era tão fácil arranjar problemas financeiros," lembra-se ele. "Realmente, não havia controlo com as contas e com compras a prestações, assim gastei acima do meu orçamento." Vidal ajudou o jovem casal, comprando uma televisão em nome dele que Víctor pagou a prestações.

Víctor começou a sair-se bem no trabalho, mas isto trouxe-lhe vários problemas. Quando se tornou óbvio que ele era a nova estrela em ascensão, houve pedidos de demissão devido ao relacionamento de Turner com o "novato" de vinte e um anos. Nem Víctor nem Turner prestaram muita atenção a isso, em vez disso concentraram-se nos projetos que tinham entre mãos.

A concessionária americana Unistrut era como o conjunto de um gigantesco Mecano. Simplesmente, em vez de construir modelos, os enormes componentes de aço eram usados para a construção de estruturas pesadas. "Stewart envolveu-me no desenho e processos de construção de muitos projetos grandes. Trabalhei na terminal de manuseamento de carga do porto de Durban, na Alusaf em Richards Bay[43], na de Pelindaba[44] e em Hartebeespoort[45]. Também trabalhei nos projetos da Sasol Dois[46] e em três projetos em Secunda[47]."

"Paulie nasceu nove meses e duas semanas depois do nosso casamento, a 20 de setembro de 1977. Que tal a pontualidade para um tipo que nunca quis ter filhos?" À medida que Víctor se ajustava na vida como pai, começou a pôr as finanças em ordem. Devagar, mas com firmeza. Então, dezoito meses depois de ter começado a trabalhar com o Stewart Turner na Brockhouse South Africa, tudo mudou outra vez.

---

[43] Cidade e porto natural acima da cidade de Durban, no Kuazulu-Natal.
[44] Centro de Pesquisa Nuclear da África do Sul a 33 km de Pretória.
[45] Vila e estância de férias.
[46] Empresa de petróleo.
[47] Cidade construída nos campos de carvão na província de Mpumalanga.

20

Mas a vida continua ...

*"O que quer dizer com o 'quero renovar os votos'?"
Não consegui acreditar no que Isabel me dizia.
Lembrei-lhe as vezes que ela tinha fugido de casa a
gritar porque Vidal parecia que tinha enlouquecido e
corria atrás dela. "E daquela vez em que ele tentou
dar-lhe um tiro?" Isabel diz que não acredita que ele
lhe fizesse mal, mas a bala ainda está encrustada na
parede da casa do outro lado da rua.*

*"Como é que pode continuar a viver com ele, com
aquelas maneiras grosseiras e violentas?" pergunteilhe muitas vezes. Mas penso que compreendi porque é
que uma mulher como ela estava presa naquele
casamento. Ela foi criada daquela maneira e apenas
fazia o que a sociedade e a igreja lhe tinham ensinado.*

"SIM, O MEU velhote era nervoso," disse Armando, o irmão de Lina. "Concordo, ele não pedia desculpa. Mas, por exemplo, quando num ataque de fúria quebrou as nossas bicicletas, no dia seguinte acordou-nos cedo para irmos com ele comprarmos bicicletas novas." Armando é o filho mais novo de Vidal, o que fisicamente se parece com o pai em estatura e feições. "Ele fervia em pouca água, como se costuma dizer. Ele pôs-me fora de casa aos pontapés quando o impedi de apunhalar Frank, o meu irmão mais velho, com um pedaço de vidro da mesa de café da sala que ele tinha partido!" Naquela altura Armando tinha dezoito anos!

Os laços de família e da comunidade podem ser mais fortes do que a razão, algumas vezes mesmo mais fortes do que a emoção. Víctor podia ter rompido todas as relações pessoais com o homem que lhe deu um tiro, porém isso significava perder também a relação com a sogra. Também teria criado tensão desnecessária no seu casamento – e ele não tinha vontade de dificultar a vida de Lina. "Não ia ser uma daquelas pessoas que deixa uma sala todo zangado quando está presente alguém com quem ele se melindrou," diz Victor. "Eu digo o que penso ... digo o que tenho a dizer, e pronto. E quando depois encontro a pessoa com quem me aborreci, ninguém consegue adivinhar que houve um problema."

Depois, para as famílias Rebelo e Vidal, a vida correu normalmente. Em público, Víctor era cordial para com o sogro sem tentar agradar-lhe ou melhorar a relação. A maior parte das vezes, Vidal era o de sempre: rabugento, mal humorado, irritado.

Mas começavam a fermentar mais problemas, desta vez na esfera profissional. "Havia uma bonita secretária de olhos grandes e um sorriso que podia virar um homem do avesso. Ela era a secretária do Diretor Geral, o senhor Vorster, mas ela também era a amante de Stewart. Bom tipo que ele era, porém acontece que era possessivo, ciumento, e talvez não lhe agradasse a maneira como ela falava para os outros. E as pessoas adoravam falar com ela, ela era tão encantadora."

De facto, ninguém sabe o que aconteceu naquele fim de tarde fria, aquele princípio da noite em que Stewart Turner, pela última vez, deu uma boleia para casa à sua adorável amante. Terão sido ciúmes, ou outra coisa? Talvez ela quisesse acabar a relação? Assim ia a especulação, que foi muita! Víctor ficou chocado quando lhe disseram que o seu amigo e mentor tinha parado o carro um pouco antes da casa dela e tinha andado até ao lado do passageiro. Pode se imaginar como ela se terá sentido quando ele se aproximou da porta, a abriu, e a seguir abriu o porta-luvas. Quando ele tirou de lá uma arma, terá ela olhado para ele de olhos arregalados, receando que ele estivesse prestes a dar-lhe um tiro? Talvez ela tenha fechado os olhos com força, talvez tenha suplicado, ou olhado com horror quando ele levantou a pistola, apontou-a para ele próprio e puxou o gatilho. Mais tarde, ela deve ter relatado à polícia como Turner se tinha suicidado, ali mesmo, na rua, ao lado do carro.

Víctor não podia sequer imaginar o que levaria um homem a cometer tal ato, mas, ironicamente, descobriu a verdade no velho provérbio que o infortúnio de um homem é a fortuna de outro ... Quando a notícia da morte de Turner se espalhou na empresa, Vorster promoveu Víctor à repentina vaga de gerente comercial.

Foi uma promoção impopular, havendo muitos com despeito de Víctor e a porem em causa a sua competência para preencher, tão novo, a vaga que Turner tinha deixado. Afinal, ele só estava na companhia há dezoito meses, e a sua rápida ascensão talvez tenha sido devida mais a favori-tismo do que a mérito, discutiam eles.

Também prometeram a Víctor mais dinheiro pelas horas extraordinárias que ele trabalhava, mas até aquela altura não tinha recebido um cêntimo. E tudo isto lhe veio à mente quando ouviu o seu nome a ser pronunciado num grupo de má-língua, e perdeu a cabeça. Agarrando de súbito uma das pessoas pelo pescoço, Victor rosnou: "Qual é o teu problema?"

"Nada! Nada!" Confrontado, o homem não tinha nada a dizer.

Víctor largou-o e foi para casa. Ele não sabia o que havia de fazer a seguir, mas não suportava a constante mesquinhez e discórdias por trás das costas, especialmente se não era pago para isso. Depois da morte súbita de Stewart Turner, não se sentia tão confiante como se teria sentido com uma promoção mais pública, mais preparada, esperada e deliberada. Talvez não fosse o homem para a tarefa, pelo menos ainda não. Fosse o que fosse que pensava que aconteceria depois da sua reação nos escritórios, ele não esperava uma visita do presidente da empresa – vindo da sede em Inglaterra – numa tentativa de o persuadir a aceitar a promoção. "Eu contei o que se estava a passar, sobre a inveja e tudo o resto. E ele falou sobre a maneira como Stewart me tinha elogiado, e disse que tinha feito recomendações ao Conselho Diretivo..."

"Olha aqui," e o presidente apontou para um relatório assinado por Turner, "o homem tinha uma grande consideração por ti e achava-te muito competente. E aqui," mostrando a carta a Víctor, "e aqui," procurando e mostrando atas das reuniões de direção.

Encorajado pelos elogios póstumos e convicção do seu amigo na sua competência, Víctor negociou uma nova carta de nomeação, acompanhada por um generoso pacote de remuneração.

"E a minha vida descolou a partir daqui," diz ele. "E de

novo, o que parecia ser uma situação desastrosa, transformou-se numa coisa boa. Nunca esquecerei Stewart e o muito que ele fez por mim."

21

Expandindo-se

Um dia um tipo entrou no meu gabinete. "Chamo-me Ray Gerritsen," diz ele. "Venho para o trabalho na fábrica." Ele mostrava-se tão confiante, com o seu cabelo penteado para trás, que trouxe a lancheira com ele. Enquanto falava, eu sabia que não ia dizer a um gajo como ele para se ir embora. Disse-lhe que, devido a medidas de segurança, um trabalho na fábrica estava fora de questão.

E assim dei-lhe um emprego nas vendas e ele era brilhante. Ray nasceu sem pernas e faltava-lhe um braço. Os dedos da mão esquerda estavam ligados e assim parecia que ele tinha dois dedos grossos e um polegar. Admirei a sua persistência e nunca consegui superar a maneira como ele trabalhava dois telefones ao mesmo tempo. Prendia um com o queixo e o outro encostava na outra orelha. Talvez nem te ocorresse, mas as senhoras adoravam-no. Ele atraía miúdas muito mais novas do que ele. Penso que era casado e divorciado uma data de vezes. "Não posso dizer-te, Vic," diz ele quando lhe pergunto sobre o seu jeito com as mulheres, "talvez seja a curiosidade, mas quando tiro as minhas pernas tudo o mais é praticamente o mesmo como é para ti, tenho a certeza."

Um dia ele pediu-me autorização para ir ao 'doutor' resolver alguma coisa relacionada com as suas pernas artificiais, mas meia hora depois estava de volta. "Uma articulação precisava de ser reparada," disse-me ele, "por isso fui lá acima ao Bill Engelbrecht. Tudo arranjado." Bill era o "doutor" que de vez em quando fazia alguma soldadura para o Ray, um serviço interno que poupava tempo. E agora, pensando bem, dinheiro também.

Gosto de ter tipos daqueles à minha volta, pessoas positivas e que fazem as coisas acontecer. Uma das minhas metas na vida é ajudar as pessoas, mas só quem tenha um «F[48]» e uma «C[49]». Elas têm de querer ajudar-se a si próprias.

C LARO QUE A promoção, juntamente com o aumento de salário que a acompanhava, tinha os seus benefícios, e em breve Víctor foi capaz de liquidar as dívidas anteriormente ingovernáveis que tinha feito. Não apenas isso, ele foi também capaz de poupar para uma viagem a Portugal e à Espanha.

"Fui a Portugal e visitei o meu pai. O Paulie era pequeno, tinha começado a andar, e a Elsa foi connosco para nos ajudar com ele. O meu pai parecia que tinha andado para trás, pelo menos financeiramente. Ele vivia numa barraca nos arredores de Lisboa."

---

[48] F: Fim.
[49] C: Condição.

"Tenho uma refeição especial para ti," disse Augusto a Víctor, pondo um prato de comida na mesa. Para Víctor parecia uma esponja. "É bom para ti," continuou Augusto, enquanto o filho olhava, sem poder acreditar, para o detestado guisado de bofe.

"Eu não vim da África do Sul para comer essa merda!" Víctor lembrou-se de ter comido bofe e outros refugos quando era criança, porque não havia dinheiro para se comprar comida melhor. Também se lembrou que o pai insistia que o mesmo prato fosse posto na mesa até que Víctor comesse tudo, a não ser que a mãe conseguisse maneira de se desfazer dele.

"Só porque o pai pensa que é especial, não quer dizer que os outros pensem o mesmo," disse Víctor. "Devia saber que não gosto disto." Também pensava que a Lina e a Elsa não gostariam. "O pai só pensa em si próprio." O ofensivo prato de guisado de pulmão levou Víctor a lembrar-se da Avó Maria e de como ela o alimentava bem quando estava ao seu cuidado, e como ela teria preparado um prato especial, realmente especial.

Talvez Augusto tivesse a consciência de que a refeição que tinha preparado era humilde e tentasse fazer o melhor possível. Um homem que usava uma lata com furos como uma solução de ocasião para chuveiro provavelmente não tinha dinheiro para comprar uma perna de cabrito ou camarões, ou mesmo algum bacalhau bom. Talvez ele se tivesse convencido a ele próprio de que estava a servir uma refeição especial. "E pode ser que pensasse que estava a trazer-me boas memórias de quando eu era pequeno." Mas isto apenas ocorreu a Víctor muitos anos depois. Claro, talvez Víctor tivesse razão e o velhote talvez não tivesse pensado em mais ninguém naquela altura.

Tendo dito o que pensava, Víctor levou Augusto na etapa seguinte da viagem. A nova companheira de Augusto não os acompanhou. "Ela era do Alentejo. Não havia muita consideração por essas pessoas. Mas antes dela o meu pai encontrava-se com uma senhora que era médica. Não pude compreender como ele lhe tinha dado com os pés para ficar com aquela estranha mulher." Víctor abana a cabeça: "Não posso dizer que, naquela altura, houvesse qualquer afinidade entre nós. Ela nunca sorria e não me fez sentir à vontade, senti-me incomodado." Mais tarde, o pai não só casaria com aquela mulher, como teria outro filho, dando uma meia irmã a Nelito, Víctor e Nelita.

Mas isso ainda estava para acontecer, e, talvez por sorte, Víctor não tinha a mais vaga ideia do que o futuro reservava. Era o fim do verão de 1978 e ele queimou a planta dos pés quando a família desembarcou cm Ayamonte, em Espanha. "Não sabia que era tão quente. As lojas estavam fechadas para a sesta, por isso corri para achar um lugar mais fresco." Como Víctor salienta, as fotografias valem por cem palavras, e as fotografias dessa viagem estão agora sumidas, com um tom castanho-rosado. As fotografias mostram Víctor, a mulher e o filho mais velho de um lado de Víctor, e Elsa, a acompanhante transformada numa companheira constante, do outro lado. Augusto usa óculos escuros a maior parte do tempo e integra-se facilmente na fotografia de família. Tal como na maior parte das famílias, se não todas, Víctor e o pai falavam – talvez mesmo discutissem – das coisas menos importantes, como por exemplo se o bofe era um prato adequado para visitas e se um filho devia aconselhar o pai. Eles não falavam sobre relações flutuantes, e casamentos ou escolha de amantes. Não naquela altura, nunca, e especialmente quando a companheira de Augusto, mais tarde, em Lisboa, lhe disse que tinha visto Víctor a sair do quarto da pessoa errada.

De volta à África do Sul, as coisas tinham mudado desde a insurreição de junho de 1976. Aumentavam os pedidos para o desinvestimento, e as preocupações relacionadas com a situação política afetavam mais abertamente os processos de tomada de decisões de muitas empresas internacionais. Independentemente ou não de que a situação política da África do Sul tenha tido influência no aumento da consciencialização relacionada com a injusta situação vivida no país pela classe negra destituída de privilégios, a Brockhouse South Africa foi vendida em 1979, e Víctor achou-se a trabalhar para a Brownbuilt Metal Sections. A fábrica e os escritórios foram mudados de Cleveland[50] para Boksburg[51] North e Víctor alugou um apartamento de dois pisos em Boksburg West. "Ray foi uma das pessoas que não ficou na nova empresa. Fez o seu nome no ramo e, por salários mais altos, saltitou um bocado."

Foi o presidente da nova empresa que disse: "Precisas de pedir e depois obterás o que queres", palavras que Víctor levou a sério.

"A partir de então, segui aquele conselho. As pessoas podem dizer 'não', mas nunca dirão 'sim' a não ser que eu lhes peça primeiro." Uns curtos seis meses depois daquela aquisição comercial, ofereceram a Víctor uma nova e excelente posição de consultor. "Deram-me um aumento substancial de salário, e um carro da companhia, conta de despesas ilimitadas e subsídio de viagens, e todas as regalias que naquela altura eram permitidas. Fiquei na lua!"

Mark, o segundo filho de Víctor, nasceu a de 30 janeiro de 1980. Víctor viajava muito, o que lhe agradava. A vida de casado tinha caído numa rotina familiar, algumas das quais eram insatisfatórias para Víctor, e sem dúvida para Lina também. Algumas vezes ele gritava para ela do chuveiro: "Vai-te embora, mulher! Ao menos espera até eu

---

[50] Bairro de Joanesburgo perto de Malvern.
[51] Cidade a este de Joanesburgo dividida em quatro partes: Boksburg Norte, Sul, Este e Oeste. Boskburg North – Boksburg Norte; Boksburg West – Boksburg Oeste.

acabar!" Mas ela não podia esperar, embora soubesse que o irritava, e tentava limpar o chão do quarto de banho enquanto ele se lavava. A sua obsessão com o trabalho doméstico deixava Víctor louco, mas aquilo por que ele realmente ansiava era uma relação física aberta e amorosa. Mais do que isso, ele queria experimentar uma harmoniosa ligação mental, talvez mesmo alguma outra coisa que ainda iria experimentar. Como acontece com muitos casais, Víctor sentia que, a muitos níveis, ele não tinha nem uma ligação física nem mental com a mulher. E ele ansiava por aquela maneira indefinível de relacionamento que satisfaria a sua alma.

"Sou como a minha mãe," diz Lina, "costumava andar constantemente à volta da casa a limpar e arrumar. Penso que agora estou melhor." Talvez a jovem Lina, ingénua e inexperiente nos caminhos da vida, tivesse o pressentimento de que o marido lhe escapava e caía nos braços de outra, ou talvez mesmo nos braços de mais do que uma. E talvez a limpeza obsessiva fosse uma maneira de manter o controlo do pequeno mundo de dona de casa e de mãe, muitas vezes solitário.

Quando Paul, então um garotinho, caiu das escadas da casa de dois andares, Víctor estava em posição de fazer mudanças no estilo de vida. "Compreendes agora? Disse que nunca gostei de escadas, e quando Paulie se feriu decidi mudar para uma casa de um piso só." Não sendo pessoa para perder tempo, nesse mesmo dia contactou uma agência e combinou ir visitar algumas casas.

"E aquela ali?" O agente imobiliário apontou para uma casa na junção em T no topo da colina.

"É aquela que eu quero," disse Víctor, mesmo antes de a ver ou de ver outras casas. Ele comprou a casa em Primrose[52], na Avenida Gorst, nº 21, pelo total de vinte mil randes (1250 euros), tendo desembolsado a maior

---

[52] Bairro de Joanesburgo.

parte em numerário, deixando para pagar em parcelas um pequeno empréstimo de apenas cinco mil rands (312.50 euros). Agora não parece muito, mas naquele tempo era mais do que a maior parte das pessoas podia pagar.

"E ali estava eu, só com vinte e sete anos, e podia ver os meus sonhos mais loucos tornarem-se realidade! Tinha bons patrões, homens que sabiam diferenciar entre o bom e o mau." Víctor pausa, relembrando. E ele também podia agora pagar uma operação plástica para arranjar a costura com a ferida ainda ressumando que ficou da bala. Como ele diz, custou uma fortuna, mas valeu a pena. Não ficaria mais envergonhado com os pedacinhos de gase que podiam espetar de um fato de banho, e a ferida ficou finalmente bem sarada.

Víctor tinha entrado as águas calmas que a carreira e o sucesso financeiro trazem. Era uma questão de tempo até que esse rumo provasse ser demasiado calmo para ele, e iria, mais uma vez, desfraldar as velas em busca de novas costas.

22

A Máquina-de-Fazer-Dinheiro

Foi o Nic Gouws que me falou da Spanish Fly (Mosca espanhola) e Pau Yuen Tong. "É dinamite," disse ele, "olha, faz isto..." Levei a rapariga ao topo do Carlton[53]. Era mesmo sofisticado. No momento certo, pus a Spanish Fly na bebida dela. Esperei que mudasse alguma coisa, talvez nos olhos dela. Trinta minutos antes de eu pensar que tinha chegado a altura, bom, compreendes, a altura de ter uma sessão, vou à retrete e ponho a pomada. Espero mais uma vez. Nada. Foi um desapontamento.

Não que eu precisasse daquele tipo de ajuda. Quando ia com as raparigas, não podia ir com

---

ninguém a não ser que houvesse uma emoção. Por exemplo, nunca pude ir com uma uma rapariga da rua. Mas havia um ciclo nos relacionamentos e depois eu fartava-me, acabava-os. Foi assim com a rapariga que parecia muito mais velha do que era. Bom, de qualquer maneira, disse para o meu sócio no restaurante Fish Hook[54]: "Olha, fica com ela," porque eu queria passá-la para ele. O engraçado é que mais tarde ele casou com a miúda.

Eu só admitia as mais simpáticas e mais belas empregadas de mesa. Não fazia diferença se soubessem fazer o trabalho ou não, mas tinham de ser o meu tipo de garina. Logo de caras dizia-lhes que íamos curtir, mas era tudo o que eu podia oferecer. A Lina apanhou-me com uma das raparigas, eu disse-lhe que estava a passar por uma fase na vida que certamente passaria ... algum dia. Naquelas circunstâncias eu não esperava que ela continuasse comigo, mas pelo menos fui honesto.

A Natalie era extraodinária, incrível, e talvez tivesse sido diferente com ela, mas nunca iria saber. Como disse, eu tinha sempre de sentir alguma coisa, e eu sentia muito por ela. Ela era uma das dançarinas da Delia Sainsbury[55], talvez uma das melhores, e também trabalhava para mim no restaurante. Ela tinha um namorado, mas era um banana que só me pediu para eu olhar por ela enquanto ele trabalhava como DJ (dijei).

Talvez eu fosse egoísta e ganancioso, porque eu nunca pude deixar para amanhã se eu podia ter tudo hoje. Mesmo quando fui à Cidade do Cabo para ver os pais de Natalie, e para o funeral, levei outra chavala comigo.

---

[54] Anzol para Peixe.
[55] Conhecida atriz e empresária sul africana.

NO FIM DO verão de 1983, Víctor embalou a sua Kawasaki 750 e arrancou da berma do passeio em frente do restaurante Fish Hook, em Hillbrow. Estava um belo dia para um passeio de domingo para o pequeno-almoço, e a miúda que se agarrava a ele era ainda mais encantadora. Metendo mudanças ao descer a colina a caminho do ponto de encontro do grupo de motociclistas, ele podia já sentir o calor do sol através do ar seco, fresco e tonificante das primeiras horas da manhã. Como de costume, havia pouco tráfico naquela manhã de domingo, e por isso o súbito aparecimento de um veículo do seu lado esquerdo apanhou-o de surpresa. Guinando para o lado para evitar a carrinha – que devia ter parado na rampa de acesso de saída – a motorizada derrapou na linha branca no meio da rua, resvalou e bateu no passeio. O impacto atirou a Natalie, mais leve, por cima da cabeça de Víctor, tendo perdido o capacete quando ela deu uma volta em parafuso e acertou de cabeça numa velha peça de uma linha férrea. Víctor foi projetado a seguir, estendeu o braço numa tentativa inútil de evitar a pancada no mesmo objeto, que ainda aparece apontando para cima, direito, no chão cheio de pó. Partiu o braço uns segundos antes da cabeça bater no mesmo metal ferrugento e ficou inconsciente. Natalie teve morte imediata.

Dois dias depois, a 24 de março, Víctor estava suficientemente consciente para se lembrar que Lina o tinha visitado no Hospital. "Ela preparava-se para ir para casa e ainda estava no elevador quando as águas rebentaram. Não me lembro quem a levou para a Clínica Marymount para o parto do Bruno."

Foi no ano anterior, depois de ter comprado a sua primeira casa, que Víctor teve uma revelação. "Estava a ganhar um balúrdio de dinheiro, de facto eu era pago em excesso. Nem sequer tive de subir na carreira, porque era enviado cada vez mais alto. O problema era que eu não estava em controlo da minha vida." O presidente da empresa estava à beira da reforma e era inevitável que as coisas mudassem depois de ele sair. Na verdade, uma vassoura nova varre melhor, e Víctor tinha a consciência de que a sua sorte estava nas mãos da sua entidade patronal. "O que serve hoje pode não servir amanhã," pensou Víctor. "Pensar que tudo ficaria na mesma era viver num mundo de fantasia."

Como lhe era característico, uma vez resolvido que precisava de ser independente, começou à procura de oportunidades de negócios.

"Os donos deste restaurante, Jean e Michelle, estão cansados," Demi disse a Víctor. "Querem reformar-se. Penso que querem ir para o Cabo." Demi era o entusiástico proprietário do Dealmakers[56], uma agência em Hillbrow. "Chama-se Fish Hook."

"O quê! O Fish Hook ali adiante, aqui? Quando eu estava a estudar, nós costumávamos parar em fila dupla, atrás dos carros já lá estacionados nas primeiras horas da manhã, só para comprar batatas fritas!"

"É esse mesmo," disse Demi. Víctor não hesitou, comprou um negócio já em operação. Fez uma sociedade com Fernando, um velho conhecimento rodesiano, e era ele que, inicialmente, geria o negócio. O combinado é que Víctor mantinha o emprego e aparecia no restaurante de vez em quando.

"Esse foi o meu primeiro erro," disse Víctor, "pensar que outra pessoa podia gerir um negócio em meu lugar." Começou a suspeitar que Fernando gostava do seu copo. Mas não foi só isso, os empregados informaram que Fernando se tinha tornado agressivo, e não necessariamente longe dos olhos dos clientes. Quando Víctor olhou para as facas e garfos arruinados que lhe diziam que Fernando tinha dobrado, compreendeu logo

---

[56] Produtores / criadores de negócios.

que era obrigado a tomar uma decisão, que significava mudar de vida. Não demorou muito tempo a dizer-se a si próprio que todo aquele empreendimento, todo ele uma aventura de risco, estava prestes a controlar toda a sua vida.

Resistindo às tentativas dos seus antigos patrões de o atraírem a todo o custo – e as ofertas eram sem dúvida tentadoras – Víctor comprou a parte de Fernando e dispôs-se a gerir resolutamente o restaurante Fish Hook. "Era um negócio árduo, difícil, e para que tivesse sucesso significava que tinha de estar lá todos os dias e todo o dia. Era um trabalho duro e toda a minha vida tinha de mudar."

Não foi só por ser um mulherengo que isso iria ter um impacto elevado na vida de casado de Víctor, mas as longas horas de trabalho também. "Muitas vezes arrependi-me da minha decisão, mas persisti porque sabia qual era a meta a atingir. Também sabia o suficiente para conseguir algum pessoal experiente para me auxiliar, como um chefe de cozinha realmente bom. Claro, também cometi os meus erros, mas aprendi com eles, porém seria estúpido não acreditar que também aprendemos com as outras pessoas."

23

Treinar para uma boa forma física

As pessoas iam comer alguma coisa depois de uma noite de bebida e de farra. Era difícil lidar com alguns clientes, porque não se pode argumentar com alguém embriagado. Como por exemplo aquele gajo que se recusou a pagar a conta, e quando me viu a encaminhar para ele, mas só para lhe falar, atirou-se a mim. Reagi depressa, agarrei-o pelo pescoço e arrastei-o para a cozinha. O pessoal tentava separar-nos, para evitar que eu esganasse o gajo. Quando eu não podia mais agarrá-lo, inclinei-me todo, trinquei e arranquei-lhe um pedaço da orelha.

No entanto nem sempre me saí bem. Os lutadores americanos de luta livre, aqueles cujas lutas costumávamos ver na televisão, iam comer ao Fish

Hook quando estavam na cidade. Hospedavam-se perto, por cortesia do organizador Sammy Cohen. Um deles perguntou-me: "Como arranjaste esse olho negro?" Expliquei que um tipo tinha atirado uma garrafa de cerveja que me tinha acertado no olho.

"Lixaste-te porque és um gorducho," disse o lutador. "Não te podes mexer para te defenderes." Fiquei furioso, mas era a maneira de eles me dizerem que me consideravam um amigo quando me convidaram a aparecer no ginásio na manhã seguinte. "Se não fores, voltamos cá e ficas com outro olho negro!"

Meti o rabo entre as pernas e apareci no ginásio Sam Busa, um pouco abaixo na rua. Foi o começo de um novo estilo de vida para mim. Cecil tornou-se o meu mentor e guia, deu-me as chaves do ginásio para que eu pudesse treinar depois das horas de serviço. Quando o meu peso desceu para os noventa e dois quilos, senti-me no topo do mundo, mental e fisicamente. Um dia estava a treinar, a levantar pesos, quando notei um grupo de gajos que pareciam estar a falar de mim. Olhavam para mim de esguelha, sem quererem dar nas vistas, cochichando. Parecia que não conseguiam despegar os olhos de mim. Quando passei por eles, notei que a um deles faltava o lobo de uma orelha.

"Oi amigos," disse eu, imperturbável, mas por dentro estava a rir-me.

VÍCTOR ERA UM rapaz muito ocupado. Ele não só geria o restaurante, como também tinha uma rotina de treino bastante intensa e, claro, as sessões regulares com mulheres encantadoras. Para dizer a verdade, muitas eram pouco mais do que meninas, pelo menos aquelas que trabalhavam como empregadas de mesa no restaurante Fish Hook. No entanto, Karen tinha a idade suficiente para fazer as suas próprias escolhas e também para assumir as consequências delas.

Um dia, apanhando-o a caminho da porta, disse-lhe: "Vic, preciso de falar contigo.

"Ó Karen, estou com pressa. Tu sabes que agora vou tomar o avião para Plet[57]." Víctor precisava de férias, mesmo curtas. Ele tinha começado a pensar que não valia a pena o esforço do caso com Karen, mesmo sendo ela tão linda.

"Estou grávida," desabafou Karen de repente. Víctor ficou atordoado. Ele devia ter calculado que a rapariga seria uma fonte de problemas, desde o momento em que ela lhe lançou o anzol, a primeira vez que fizeram sexo. Então ele deixou-se levar, estacionando o seu automóvel desportivo mesmo em frente ao apartamento dela e de onde se podia ver da varanda dela. Mais tarde, depois da farra, ele sentia-se mais do que feliz que ela o levasse escadas acima até ao apartamento. Talvez alguns guizozinhos de alerta tivessem soado na sua mente quando ela disse que queria um bebé como o Bruno, mas logo a seguir ela riu-se da ideia. "Não sejas parva," disse ele. "Tu sabes que não te posso dar nada." Claro que ele lhe tinha feito 'O Aviso': disse-lhe exatamente onde ele-e-ela se situavam naquele relacionamento temporário.

Quando ela lhe disse que estava grávida, ele respondeu: "O bebé é teu!" e não mudaria de ideias. Não quando depois de ela ter deixado o restaurante, lhe disseram que o namorado dela se tinha suicidado quando soube do caso amoroso que ela tinha tido com Víctor, nem quando outra empregada de mesa lhe mostrou a fotografia do bebé.

"Parecia mesmo o Bruno," diz Víctor. "Nunca mais soube nada dela, nem do garoto."

---

[57] Estância de férias na costa.

A maior parte das ligações amorosas de Víctor foram acompanhadas de muito menos drama. Ou pelo menos ele não teve conhecimento de qualquer outra criança. Não eram só as empregadas de mesa que lhe chamavam a atenção – ou que o achavam atraente e tentavam atraí-lo. Nessa altura Víctor jogava squash algumas vezes por semana, fazia vários exercícios (quase obsessivamente) e tinha perdido quarenta quilos. Trisha, uma sedutora ginasta e amiga de uma famosa rainha de beleza sul africana, começou a dar trela a Víctor no restaurante. Claro que ele não precisava de muito encorajamento. "O sexo foi incrível," diz Víctor. "Ela perguntou-me: 'Podes sentir isto?' E eu podia, os músculos dela eram incríveis!"

Alguns clientes eram difíceis, outros tentavam toda a espécie de trapaças para saírem sem pagar. "Um tipo reclamou que havia uma barata na sopa. E havia. Mas não pude provar que ele a tinha posto lá." O homem cometeu o erro de voltar ao restaurante algum tempo depois, provavalmente pensando que não seria reconhecido visto o restaurante estar tão movimentado.

"Há um pedaço de vidro no meu bife," disse o homem, apontando para o prato.

"Falei com ele educadamente: 'Por favor senhor, venha até à cozinha e reclame diretamente ao chefe de cozinha.' Quando o apanhei lá, bati-lhe. Philemon bateu-lhe com o cassete e pusémo-lo na rua."

Mas nem toda a retaliação era violenta. Um dos clientes habituais era um pequeno janota com uma namorada que tinha duas vezes o tamanho dele. Quando Víctor estava presente, ele elogiava a comida, mas quando estava ausente, ele reclamava, rejeitando o prato. "Um dia eu voltei mesmo quando ele estava a fazer isso, e ele diz-me: 'Não, Vic, a comida hoje não está boa,' porém eu sei que o prato está fantástico porque o chefe de cozinha é o mesmo. Então levei a lagosta para a cozinha e pedi para porem outra lagosta. Mas primeiro cuspi nela." Levando ao cliente o prato ainda a fumegar do grelhador, Víctor desculpou-se. "Disse-lhe que, quando estou fora, os tipos da cozinha abusam. Mas claro que não. E desta vez ele comeu a lagosta toda, elogiando muito."

Com Fernando fora de cena, Víctor depressa se familiarizou com todos os aspetos do negócio. Quando ficou descontente com a qualidade do serviço de um dos seus maiores fornecedores, ele próprio meteu mãos à obra. "Eles eram arrogantes porque detinham um monopólio, por isso pensavam que podiam dar ordens. Mas eu estava a vender uma tonelada de batatas fritas por dia." Farto com o que para ele era uma recusa de o acomodar como um cliente principal, Víctor começou a preparar as suas próprias batatas fritas frescas. A seguir empregou o Joseph e equipou-o com uma carrinha, mandando-o vender e entregar o produto. De princípio o sucesso foi modesto, fazendo o suficiente para comprar equipamento especializado para o processo de descascar e cortar as batatas. Naquele tempo, a operar das instalações do restaurante, ele não podia adivinhar onde o seu negócio de processamento de batatas o levaria no futuro.

Havia outro problema na administração de um negócio que era único na África do Sul. Embora Víctor tivesse o cuidado de empregar trabalhadores que tinham toda a documentação em ordem, ele ainda era uma visita regular da Esquadra da Polícia de Hillbrow. Diariamente, a polícia fazia uma rusga, prendendo todas as pessoas negras sem passe, ignorando os apelos de "Não, patrão, eu trabalho ali! ", apontando para o restaurante. "Só estou a almoçar."

"Ó Vic! O teu pessoal foi-se!" O aviso significava uma ida à esquadra para ir buscar os homens, que, muito provavelmente, se tinham dado um breve período de descanso, e estavam ainda de uniforme, lá fora, no passeio. Víctor apontava os seus empregados entre a massa de pessoas no recinto da esquadra, e esperava que terminassem o processo de libertação.

"Patrão, ó patrão! Patrão!," gritavam alguns, agitando os braços no ar, e geralmente Víctor selecionava mais algumas pessoas para além dos que eram seus empregados. Sem a polícia saber, claro!

"Não, nunca houve ninguém que desaparecesse totalmente depois de terem sido presos. Eu tratava bem os polícias, mas isso não evitava que levassem os meus homens. Não havia problemas com Joseph porque ele tinha sempre a documentação consigo quando estava a conduzir a carrinha."

À medida que os anos passavam, o verdadeiro sucesso do Fish Hook e do crescente negócio de processamento de batatas tornou-se problemático. Quando os inquilinos do andar de baixo da fábrica das batatas começaram a reclamar por causa da água malcheirosa que se infiltrava pelo teto, era altura de procurar outras instalações para aquele negócio. E quando Víctor começou a acordar os filhos adormecidos espalhados pelo restaurante, no chão ou nas cadeiras, reconheceu que aquela vida não era boa para eles.

"Resolvi vender o restaurante. Mas era demasiado tarde para consertar as coisas. Mais cedo ou mais tarde, eu sabia, Lina ia-me deixar."

24

Pistas Falsas

Muitos portugueses mandavam todo o dinheiro para Portugal. Eles tinham a ideia de que um dia voltariam a viver lá, por isso construíam mansões. Uma maneira de mandar dinheiro para fora do país era mandar artigos variados. Conheci um tipo que tinha um apartamento na outra banda, num terceiro andar, e que também pode ter sido um armazém. Ele rebentou aqui com a empresa dele porque não investia nela. Mandou todo o dinheiro para fora do país em whisky e maçanetas de portas e coisas no género, e guardou as coisas no seu apartamento integralmente pago. Quando ele, eventualmente, foi lá, encontrou grades e grades de whisky com o whisky evaporado abaixo do gargalo. As roupas que a mulher tinha amontoado, todas comidas pela traça. As coisas não tinham nenhum valor.

Eu também cometi os meus erros. Quando comprei

um BMW novinho, amarelo, o meu pai disse-me para o vender e mandar o dinheiro para Portugal. "Os pretos vão ficar com tudo," diz ele, "e então o que vais fazer se levarem todo o teu dinheiro? Não podes mover uma casa." Assim resolvi vender o carro a outra agência e contei uma história de ter arranjado um trabalho no Brasil. Não era tudo mentira porque, de facto, ofereceram-me um emprego lá, mas Lina disse que era melhor divorciar-se do que mudar de país. Claro que perdi dinheiro com a venda do carro, especialmente porque ainda era novinho em folha. Depois fui ao banco, hipotequei a minha casa e mandei o dinheiro para fora do país. E ali estava eu, sem carro e sem os dois mil randes que perdi com a venda, mais um empréstimo de mais ou menos oitenta mil randes (5000 euros) que tinha de pagar.

Na altura um amigo do meu tio estava a construir uma casa enorme em Portugal, um autêntico castelo, e tinha gasto mais dinheiro do que tinha orçamentado para a obra ... Ele tinha outro terreno no topo de uma colina, entre oliveiras, em Sesimbra. Dali podia ver a lagoa da Albufeira e outros locais de Lisboa, e vendeu-me a mim para acabar de construir a casa. Pelo menos aquele investimento valeu a pena. Anos mais tarde vendi o terreno e ganhei dinheiro com a venda.

Não levei muito tempo a compreender a loucura que era arranjar dívidas assim. Estava a viver na África do Sul, não em Portugal, para onde tinha enviado o dinheiro. E no presente tinha de cuidar do sustento da minha família, e não num momento futuro. Podia acabar como o tipo que se reformou e foi gozar o seu dinheiro em Lisboa. Quando chegou lá, foi tirado do avião numa maca. Morreu a caminho do hospital.

VÍCTOR TINHA APRENDIDO algumas lições valiosas sobre dinheiro e como geri-lo, sobretudo pela observação dos seus próprios erros e erros dos outros. Porém, quando ele lutava com falta de fluxo de caixa, estava aberto a novas ideias sobre como ter dinheiro depressa. "Algumas pessoas iam ao restaurante a vender toda a espécie de coisas, porque pensavam que ali devia haver dinheiro," lembra-se ele, "mas quando uns gajos apareceram, senti-me um bocado interessado".

"Patrão, nós conhecemos as minas. Viemos de lá e podemos conseguir ouro." Víctor observou o homens em frente dele. Eram negros, não havia nada fora de vulgar com a roupa ou a aparência, e calculou que fossem ladrões, ou tinham tido contacto com ladrões. Ele sabia que era fácil roubar ouro, lembrando-se de como tinha passado pela segurança nas minas sem ser cuidadosamente vistoriado. Ele também tinha ouvido contar histórias sobre como alguns trocavam ouro e diamantes roubados por mercadorias nas lojas nas minas. "Naquela altura, ouvíamos contar histórias sobre como os donos dessas lojas enriqueciam tanto. Era de aceitarem diamantes em bruto e ouro, tudo roubado, em troca de cobertores e outras coisas." Deve haver alguma verdade nisso. A questão, na altura, é que Víctor acreditou que os homens que o contactaram tinham acesso a ouro.

"Primeiro, tenho de ver a barra de ouro," disse Víctor aos homens. "Não posso dar-te dinheiro assim de qualquer maneira". Claro que os homens não podiam trazer uma barra de ouro inteira, mas trouxeram uma amostra cortada da barra – uma pequena peça triangular que provou ser de facto ouro.

"Muito bem, eu quero a barra," disse-lhes Víctor, e o negócio foi fechado. Ele trazia dinheiro vivo e eles davam-lhe a barra de ouro, que ele insistiu em ver antes de lhes passar o dinheiro para as mãos. A troca provou ser mais difícil do que parecia, tomando em conta que a venda era ilegal. Víctor foi duas vezes, de carro, para recolher a sua barra de ouro, a primeira vez bastante perto de Joanesburgo e a segunda mais perto de Pretória, mas das duas vezes a troca foi abortada no último momento. "Não, os polícias estão a caminho," disseram-lhe.

"Aqui é demasiado perigoso," disseram a Víctor, "temos de ir para o lado de Kimberley[58]." Víctor concordou, levando Fernando com ele (o mesmo Fernando que tinha sido seu sócio no restaurante Fish Hook) como vigia e segurança. Em dois carros, Víctor e Fernando seguiram os traficantes de ouro – ou ladrões – a um local na periferia de Kimberley, uma condução de mais de cinco horas de Joanesburgo.

"Chegámos ao ponto de encontro mas ali não havia boa iluminação, por isso levaram-nos a uma pequena cubata." Víctor apreciou o peso da barra de ouro, avaliando também o formato. Na fraca iluminação, ele podia ver o corte de onde tinha sido retirada a pequena amostra que ele tinha analisado. Então entregou os vinte mil randes (1250 euros) e ficou com a barra de outro. A viagem de regresso a casa foi angustiante, com Fernando à frente para avisar Víctor caso encontrasse a polícia na via rápida. Nunca encontraram, e Víctor levou a sua compra a um joalheiro conhecido que fabricava joias.

"Ó homem, desculpa," disse o joalheiro, "é uma porcaria, não tem valor nenhum. Olha aqui," e mostrou a Víctor o pedaço de metal que ele tinha perfurado na barra para verificar a autenticidade.

"Foi quando eu tive a consciência que se é demasiado bom para ser verdade, não pode ser verdade." Víctor não voltaria a repetir o mesmo tipo de erro, e ficou mais determinado do que nunca a criar um negócio que pudesse gerar riqueza.

---

[58] Cidade a quase 500 quilómetros de Joanesburgo.

O restaurante Fish Hook era um bom negócio, mas, como vimos, Víctor tinha chegado à conclusão que os ganhos não compensavam a perda de tempo com a família e a qualidade de vida. É verdade que ele tinha tido os recursos necessários para aprender a voar, satisfazendo o seu sonho de criança de se tornar um piloto, e a família vivia confortavelmente. Mas era chegada a altura de vender e ele tinha compradores: a sua mãe e o padrasto, de volta à África do Sul depois das suas viagens. O casal vivia no mesmo prédio do restaurante e o negócio parecia ser o ideal para eles. Eles passariam cheques pós-datados, para que fossem ganhando dinheiro para a aquisição à medida que o tempo passava. Na sua perspetiva, Víctor estava a ajudar alguém – não uma pessoa qualquer, mas um membro da família, e não qualquer família, mas a sua mãe – oferecendo um preço justo e facilidades de pagamento. Tudo parecia ir bem, até que chegou a altura do pagamento do primeiro cheque.

25

Tentativa e engano

Vendi o restaurante à minha mãe e ao Martins, mas um mês mais tarde tive de o repossessar. Eles viviam no mesmo prédio, por isso convinha-lhes muito bem ter o negócio no rés-do-chão do prédio em que moravam. Mas o que eles pensavam, não sei. Sim, o restaurante era uma mina de ouro, mas alguém tem de trabalhar para ter esse ouro. Afinal ele era construtor, o que sabia ele sobre a gestão de um restaurante? O pessoal contava-me histórias da maneira como ele comprava: por exemplo, só umas quantas coca colas, e quando elas acabavam ele esperava que os clientes bebessem Pepsi. Não trabalha desta maneira. Além disso ele não era uma pessoa sociável. Naquele ramo de negócio, é preciso saber cativar a clientela.

Eles deram-me cheques pós-datados, mas nunca os depositei por causa do que ouvi contar. E tive de tomar uma atitude e reaver o negócio antes que se desvalorizasse. Eu podia ver que eles nunca teriam o dinheiro de reserva para os pagamentos caso o restaurante se afundasse tão depressa como estava a ir. A coisa ficou feia e a minha mãe telefonava-me, dizendo que eu era desonesto, que os tinha enganado. Os clientes começaram a reclamar do serviço e o negócio entrou em rápido declínio. Quando ela me telefonava, espicaçava-me, tentando fazer com que eu perdesse a calma. Se eu batesse a Martins, seria um mau passo. Não era porque eles não me pagavam, mas porque o restaurante estava a afundar-se e perderia todo o valor se eu não interviesse.

O juiz do Supremo Tribunal deliberou a meu favor, claro. "Ele levou as minhas coisas," dizia Martins repetidamente ao confuso juiz, dizendo a palavra "stuff" que quer dizer coisas. O juiz perguntava que coisas, e Martins respondia as pessoas ("staff"). Eu sabia o que ele estava a dizer, ele dizia que eu tinha levado o pessoal. E o erro era porque "stuff" (com u) quer dizer coisas, mas Martins queria dizer "staff" (com a), que quer dizer pessoal. Por isso, quando o juiz perguntava que coisas, Martins respondia as pessoas. Na verdade eu tinha permanecido em contacto com o pessoal e sabia o que estava a acontecer. Não me levou muito tempo a trazer o Fish Hook ao que era anteriormente. Tive de gastar dinheiro no restaurante, comprar novos talheres e substituir muitos itens, mas recuperou bastante bem e permitiu-me conseguir um preço de venda razoável. A minha relação com a minha mãe era outra história. Não nos falámos durante muitos anos.

O MR. SPUD O'CHIP[59], que operava de instalações em Doornfontein[60], cresceu rapidamente. Com o restaurante vendido – pela segunda vez – Víctor podia dedicar todo o seu tempo a desenvolver o seu novo negócio. "Estávamos a fazer cerca de vinte toneladas de batatas fritas por dia. E não tardou muito para vendermos também um cesto cheio de vegetais." No entanto havia um problema, devido principalmente à falta de experiência de Víctor neste tipo de mercado. "Eu não tinha uma reserva amortecedora em dinheiro, quer dizer, uma zona-caixa tampão," prosseguiu ele. "Não levei em conta que pagava com dinheiro vivo no mercado, mas dava condições de pagamento aos clientes." Pior ainda, chegou à conclusão que uma das razões de estar tão ocupado era porque vendia demasiado barato.

"Custou-me muito caro, visto ser demasiado orgulhoso para pedir conselho a alguém e descobrir o meu erro da maneira mais difícil. Evidentemente o meu enorme livro de devedores não me ajudou quando fiquei sem dinheiro para pagar ao pessoal." Víctor achava que não tinha outra opção senão fechar o negócio. Ao mesmo tempo, ele estava a ter dificuldades com os dinamizadores da sindicalização de algum pessoal. Víctor reuniu os empregados e explicou: "Olhem amigos, primeiro temos de cobrar o dinheiro que nos devem, depois podemos voltar a operar."

A questão era que se ele não tivesse sido forçado a procurar novas instalações naquela altura, talvez não tivesse encontrado as instalações de Jeppestown[61]. "Umas pessoas extraordinárias facilitaram-me um negócio como não poderia ter outro na vida," recorda Víctor. "A minha renda era uma insignificância e às vezes nem isso podia

---

[59] Mais ou menos equivalente a O Sr. Descasca e Corta Batata Fritas.
[60] Bairro de Joanesburgo.
[61] Bairro de Joanesburgo.

pagar. Mas nunca me telefonaram, nunca me chamaram a atenção, eles apenas esperavam até que eu pudesse pagar." Ele não conseguia acreditar na sua sorte. Servindo-se do que sobrara nos seus cartões de crédito, fez algumas renovações básicas na primeira fábrica Master Chip and Veg[62]. As instalações eram humildes, ou como Víctor descreve a sua primeira fábrica: "Era um chiqueiro de porcos. Até havia mesmo um porquinho chamado Eksê, a correr para comer os restos." O nome vem do africander "eu digo", e era um nome que Víctor dava ao leitão. "Ek sê, quer dizer eu digo," Víctor dizia, ou dizia aos clientes: "Procura o porco, ek sê." Um dos agricultores que vinha buscar a água das lavagens deu-nos o leitão, mas Carlos, o ex-namorado de Nelita, teve de o levar para casa quando ficou demasiado grande para a pequena fábrica. Na casa de Carlos, Eksê depressa se identificou com o cão e começou a levantar uma das pernas de trás para fazer xixi. Johnny, um agricultor de Vanderbijl[63], finalmente levou o Eksê adulto numa carrinha. O que lhe aconteceu depois, ninguém sabe.

Inicialmente, o negócio lá foi andando, coxeando, com Víctor a correr em duas carrinhas alugadas durante os poucos meses que os bancos levaram para as repossessar. Parava durante uns meses, cobrava dinheiro, começava outra vez. Víctor abordou os seus credores diretamente, assegurando que lhes pagaria assim que estivesse novamente de pé. Alguns concordaram em esperar, e estes eventualmente foram integralmente pagos. Outros levaram-no a tribunal, por fim desistindo de reaver o débito com os cinquenta randes por mês que o magistrado tinha aceite de Víctor como um reembolso justo.

Entretanto, Lina tinha começado a trabalhar, vendia

---

[62] Mestre das Batatas e Vegetais.
[63] Região nas margens do rio Vaal, a sul da província de Gauteng, a cerca de 70km de Joanesburgo.

para-brisas apesar de não ter necessidade de ter a sua própria remuneração, pois Víctor sempre proveu generosamente para a sua família. Ela passou de dona de casa solitária a manter-se a si própria no que era essencialmente um mundo de homens, bate-chapas, negociantes e oficinas de automóveis. "Por essa altura eu era um bom rapaz," diz Víctor. "É como viajar demais, ficas cansado de trepar todo o tempo. Fiquei farto e pensei que devia ser bom tentar assentar." Era demasiado tarde para isso, pelo menos da parte de Lina, e ela estava a tentar conseguir alguma independência.

Quando Víctor compreendeu que havia alguma coisa errada – ele não sabia exatamente o que era, mas alguma coisa tinha mudado –, e de acordo com uma característica sua, de não deixar para amanhã o que pode fazer hoje, confrontou Lina. "Isto não está a ir bem," disse-lhe. "Há qualquer coisa diferente entre nós..." Mas ela estava na defensiva e não estava disposta a falar. Em vez disso, ela gritou:

"És tu! Não há nada de errado comigo!"

"Por que é que estás a gritar? Eu estou a tentar falar contigo..." – pediu Víctor suavemente.

"Não há nada de errado comigo!" – continuava Lina a repetir, agitada.

"Estás a gritar tanto que os vizinhos podem ouvir. Eu só quero falar sobre o que se passa."

"Não está a acontecer nada! E não há nada de errado comigo, és tu!" Lina estava intransigente e Víctor sentiu que não conseguia fazê-la compreender o que estava a tentar dizer-lhe. Se Lina não discutia o assunto, se não havia comunicação entre eles e se ele se sentia constrangido na sua própria casa, só lhe restava uma solução.

Mais ou menos quinze dias depois, Paulie, em pânico, chamou a mãe: "Fomos roubados," diz ele, "os ladrões levaram metade das nossas coisas!" Não tinham sido assaltados, mas Víctor tinha carregado um camião com mobília e tinha-se mudado para um apartamento que alugou apressadamente. Fosse o que fosse que Lina esperava, não era aquilo. Mais tarde ela recuperou do choque e mudou para o seu próprio apartamento com os três rapazes.

Para Víctor, ela ter mudado da casa da família para um apartamento foi mais um prego no caixão do casamento. Ele esperava que ela seguisse a sua vida. O que ele não esperava foi a dor que sentiu agora que o casamento estava nas últimas, mesmo sabendo que parte da responsabilidade lhe cabia. Atormentava-o, contudo, pressentir que havia alguma coisa que ele desconhecia, algo que era a raiz do que ele entendia ser a relutância de Lina em tentar fazer alguma coisa pelo casamento. Desconfiado, ele estava decidido a pôr tudo em pratos limpos, tal como ele tinha feito anos antes quando desenterrou o segredo da mãe. Desta vez ele tinha um aliado.

Lina e Nelita, a irmã de Víctor – que tinha dois filhos – passavam muito tempo juntas. Carlos, o namorado e pai do rapaz mais novo, Rod, tinha vindo atrás dela para a África do Sul. Uma vez aqui, ele e Víctor tinham-se tornado amigos. Os dois homens estavam em situações semelhantes, quer dizer, com as relações a desfazerem-se. Assim pareceu-lhes lógico alugarem casas geminadas contíguas e, com o apoio um do outro, tentavam desenredar-se, bem ou mal, do problema que era a educação das crianças, particularmente uma vez descoberto o que tanto Nelita como Lina escondiam.

"Eles seguiram-na," diz Marki. "Ainda me posso lembrar do pai nos mostrar fotografias da mãe com o Ismael. Isso foi quando nós mudámos para as geminadas." Víctor mantem-se calado com respeito à expedição detetivesca que efetuou com Carlos, dizendo apenas que tinha recebido uma dica de Luiz, o patrão de Lina: "Ele disse-me o que fazer e onde ir."

Víctor reconhecia com facilidade que ele próprio tinha provocado muito daquela situação pela maneira como se tinha portado nos primeiros anos de casamento. Lina tinha casado com ele alguns dias depois de ter acabado a escola, e não tinha tido as mesmas oportunidades com a sua intimidade que ele tinha tido, e, de facto, também com a própria vida. "Éramos demasiado jovens, e Lina tinha sido criada para ser uma dona de casa e mãe, rigorosamente acompanhada e restringida."

No entanto, reconhecia que esses factos eram uma pequena consolação. À medida que o casamento sucumbia irremediavelmente, ele tinha de fazer um reexame sério sobre o que realmente queria da vida. Uma das coisas que estava determinado a conseguir era cuidar dos melhores interesses dos seus três rapazes, o que levou a família a ter um encontro com o Promotor do Gabinete da Família depois de ter levado os rapazes para viver com ele.

"O que havia eu de fazer? Encontrei-os sozinhos em casa, enquanto ela tinha saído com o namorado."

Lina não estava de acordo, insistindo que a situação devia ser resolvida entre eles. O Promotor parecia estar a tomar o partido de Lina. Ele censurou Víctor e, concluindo, disse: "Recomendarei que o Tribunal entregue as crianças à mãe."

"Faça isso, e nunca mais será um homem!" – replicou Víctor.

"O que quer dizer?" – inquiriu o Promotor com um olhar desconfiado.

"Exatamente o que disse. Interprete como quiser!" – respondeu Víctor incisivamente, olhando o advogado olhos nos olhos.

"Saia! Não serei ameaçado," ordenou o Promotor. Víctor saiu com os rapazes, que já tinham sido entrevistados pelo Promotor da Família. Quando saiu o divórcio, Víctor ficou com a exclusiva guarda das crianças, e Lina juntou-se ao namorado. Mas isso não foi o fim da história.

"Lina denunciou os meus supostos 'métodos desonestos no negócios' para fugir ao fisco. Garanto-te, tu tens a certeza de estares mergulhado na merda, de estares numa enrascada depois de receberes a carta dos homens de fraque!" A investigação não detetou nada.

"Nessa altura tudo o que possuía eram débitos e problemas. Tinha perdido tudo, incluindo a casa," recorda Víctor, "mas o mais importante é que não tinha perdido a cabeça."

Se muito do comportamento de Lina era a desforra pela maneira como Víctor a tinha magoado durante o casamento, pode-se dizer que ele o merecia. Ele reconhecia que o seu comportamento tinha sido longe de exemplar e, por isso, não ficou admirado quando o casamento acabou, mas durante algum tempo ele ainda lamentaria a morte de toda a possibilidade de reconciliação entre eles.

26

Um novo começo

"Queres óleo ou pó?"

Eu não sabia, por isso respondi que era como ela quisesse.

"Queres ver-me com os seios à mostra?"

Voltei a responder que era como ela quisesse. As suas mãos fluíam sobre o meu corpo e eu podia sentir os seus seios quando ela se dobrava sobre mim.

Eu escolhi-a porque ela era fabulosamente bela e era um prazer olhar para ela, mas acontece que tínhamos tanto em comum que eu fiquei impressionado. Ela era engenheira química e falava a minha língua. Ela falou-me sobre o namorado, que tinha sido um desprezível idiota. Também me falou sobre os clientes importantes, alguns deles ministros — sabes, políticos — e mesmo da polícia, e como eles podiam ser horríveis. Nem todos, mas muitos dos seus clientes. E eu contei-lhe como tinha visto as mulheres *a serem maltratadas, depois de terem sido conquistadas e frequentemente serem usadas como escravas, e como isso era chamado casamento e era suposto ser a maneira correta de tratar as mulheres. Mas nunca pensei que isso fosse justo, e que pensava assim desde que era um rapaz em Portugal. Embora não tivesse levantado a voz em defesa de ninguém, não quer dizer que eu não visse o que realmente acontecia.*

Quem diria que eu encontraria uma mulher como aquela no Pink Palace[64] próximo da Louis Botha[65]? Claro que o funcionamento era ilegal. Havia um código especial para ser admitido, e era muito caro. Mesmo naquela altura, bom, isto deve ter sido por volta de 1992, depois de me ter divorciado, mesmo nesse tempo era cerca de mil randes (72,5 euros) por massagem. Era muito elegante, luxuoso, eu tomava um chuveiro e vestia um robe verde. Eu só fui lá porque os meus amigos achavam estranho que eu não tivesse uma namorada depois de me ter divorciado.

Bruce, o meu corretor de seguros, levou-me lá e disse: "Prova-me que não és um maricas!" Assim alinhei na proposta, embora pensasse que por uns tempos odiava as mulheres. Eu tinha desistido totalmente delas.

Mas a rapariga era diferente, e ela puxou todos os botões certos, perdoe-se o jogo de palavras. Quando eu estava com ela, o tempo voava.

"Chiiii!" Disse Bruce quando eu por fim saí do quarto. "Tencionas dormir aqui ou o quê? Homem, estiveste lá mais de três horas!." Sim, mais de três horas, mas não tinha levado tanto tempo para nós nos apaixonarmos, e eu fiquei caídinho por ela. Foi tão intenso. Parecia que não havia absolutamente nada de

---

[64] Palácio Cor de Rosa – bordel de luxo.
[65] Extensa avenida num dos bairros de Joanesburgo.

errado com ela, era tão doce, tão delicada e simples, mas esse era o problema. Eu sabia que podia apaixonar-me facilmente e comecei a pensar que ela – de facto a coisa toda – era mágica, e mágico como parecia, era demasiado bom para ser verdade.

E assim ela ficou abalada quando acabei com ela.

SE PERGUNTASSEM A Víctor, ele dir-lhes-ia que tudo na sua vida tinha acontecido por uma razão, incluindo a visita à massagem cor de rosa e a experiência de estar apaixonado pela pequena e loira massagista e as suas grandes e atrativas mamas. Com a ajuda de Ana Mamas Grandes, que tinha ganho a alcunha por ter mamas ainda maiores do que a massagista, Víctor finalmente encontrou a mulher que seria a sua companheira de vida. Com Carlos como parceiro, Víctor concordou em ir buscar Zé, uma amiga da Ana, e Mio, a irmã da Zé. "O que posso eu dizer da Zé?" admira-se Víctor. "Ana estava a tentar que eu e ela formássemos um casal, mas ela não era o meu tipo. Ana convenceu-me a juntar-me a eles para aquele jantar antes da Zé partir para uma viagem ao exterior." Foi um feliz acaso, porque Mio era substituta de último minuto para outra amiga de Ana. E foi Mio, uma pequena e bonita loira, que falou ao coração de Víctor.

À medida que Victor se encontrava a negociar as algumas vezes complicadas veredas tanto do negócio como da vida pessoal, o mundo à volta dele estava a mudar rapidamente. Quando lhe foi dada a oportunidade de comprar as instalações que estava a alugar, recebeu conselhos contraditórios. "Eles querem vender porque a propriedade não vale nada," era a opinião de um amigo. "Agora é muito perigoso ter um negócio em Joanesburgo." E tinham razão, ou assim parecia à primeira vista. À medida que as grandes empresas tinham deixado o centro da cidade de Joanesburgo, o crime tinha de certeza aumentado. Esta fuga descolou nos últimos anos de 1980, estando a intensificar-se quando Víctor se preparava para se estabelecer nas novas instalações. Durante anos a área de Jeppestown tinha sido considerada insegura, e nos primeiros anos de 1990 seria evitada pelos mais prudentes. Víctor Rebelo não era uma dessas pessoas.

"Jo'burgo será sempre Jo'burgo. É verdade, as pessoas estão a mudar para Sandton[66], mas Joanesburgo nunca irá por água abaixo," insiste Víctor. Mas havia um problema: "Eu não tinha dinheiro, e mesmo que eu me qualificasse para uma, os bancos nunca facilitavam hipotecas de risco em propriedades nesta parte da cidade." Não só a opinião popular era contra investir em Joanesburgo, mas as instituições financeiras também consideravam algumas áreas demasiado arriscadas.

Ismael Bandeira, o homem que administrava a propriedade em nome da família Mentis, pediu a Víctor para lhe ir falar ao seu escritório. "O negócio é este," disse ele. "A renda que nos pagas agora pode ser usada como prestações." Havia mais, mas o preço e as condições de pagamento eram generosos, para além dos sonhos mais ousados de Víctor, e ele aceitou, dando um abraço caloroso e de gratidão a Bandeira. Melhor ainda, a transação seria assinada e fechada num documento jurídico. Quarenta e oito meses depois, as instalações passaram para o nome de Víctor.

"O senhor Mentis, o dono da propriedade, era um grego que veio para a África do Sul por acidente." Pelo menos é o que Víctor se lembra de lhe ter sido contado. "Ele estava a caminho da Austrália e, quando o navio atracou na Cidade do Cabo, Mentis desembarcou, pensando que tinha chegado ao seu destino." Claro que

---

[66] Zona considerada rica e segura, na altura, na periferia de Joanesburgo, a cerca de 20 km do centro da cidade.

não tinha, e trabalhou no tribunal como varredor – castigo por ter entrado ilegalmente no país –, mais tarde tornou-se engenheiro mecânico. "Ficou muito rico, era dono de propriedades por todo o lado," diz Víctor. "Quando comecei a comprar deles, eles só tinham este quarteirão em Joanesburgo."

Os seus novos senhorios foram úteis de outra maneira. Como o negócio que tinham era de fabrico de secções de aço, ofereceram a Víctor descontos muito grandes pelo aço que tinha sido rejeitado para certos trabalhos. "Logo no início, Clive Mentis notou que nos faltavam dois portões pequenos." Víctor estava a fazer tudo o que podia para poder sobreviver financeiramente, e, naquela situação, não podia comprar o material necessário para fazer os portões. "Assim ele ajudou-me, e tudo o que ele queria era uns rolinhos de primavera[67] que comprámos a um tipo um pouco acima na mesma rua. Clive cumpriu a palavra e mandou pôr os portões, perfeitamente feitos à medida e galvanizados." Com a ajuda deles, Víctor conseguiu fazer algumas muito necessárias renovações com um orçamento pequeno.

"À primeira vista, tenho de admitir, parecia ser tudo demasiado bom para ser verdade. Contudo, algumas vezes há mesmo pessoas mágicas por aí. A vida rola à volta de relacionamentos, e aquele era genuíno. A minha associação com o Mentis e o seu pessoal era honesto e verdadeiro."

Assim se revelou a relação com Mio, e, em Março de 1993, ela passou a viver com Víctor.

---

[67] Também conhecidos por bolinhos de primavera.

27

Oportunidade e crime

Eu não me deixo deprimir! Não entendo isso. Mas as pessoas perguntavam: "O que é que se passa contigo, Vic?" Diziam que o meu filho tinha ido para um lugar melhor, mas eu não tinha a certeza. Não acredito em médiuns, mas compreendia que precisava de alguma coisa. Eu disse que se ela me pudesse dizer alguma coisa sobre o meu filho que ela desconhecesse, eu poderia acreditar nela.

Levei meses para marcar a consulta, e depois tive de esperar também meses por ela. No dia da consulta estacionei longe, andando os últimos quarteirões para ter a certeza que ela não saberia nada sobre mim. "Chamo-me John," disse. "Tenho uma marcação."

"Oh, sim, John," disse ela. "Por favor espere um bocado. Ainda estou ocupada."

Ela tinha uma bola de cristal na mesa e um baralho de cartas tarot. Ela disse-me como a minha vida seria boa. "Há mais alguma coisa?" – perguntou ela.

"Um dos meus filhos morreu."

Pouco depois, parecia que ela tinha entrado em transe. "Oh, sim, olhe! É o seu filho, ele diz que não deve preocupar-se. Ele está feliz. Ele tem um trabalho numa ambulância."

O telefone tocou e ela deixou o quarto para o atender. Quando voltou, perguntou: "John, tem alguma coisa que tenha pertencido ao seu falecido filho?" Entreguei-lhe um anel. E aí ela entrou de novo em transe.

"Ele gosta de andar com muita velocidade no carro, a música é estridente. Mas quem é esta? Uma senhora pequena, tem o cabelo apertado atrás com um laço."

"Penso que deve ser a Avó Maria," respondi.

"Eles estão juntos, eles estão felizes no além." O telefone tocou outra vez e, quando ela saiu para o atender, um gato saltou à minha frente. "Para, não sejas malandro," disse ela ao gato quando voltou, e deslizou outra vez para o transe. "Tem um grande corte na barriga, John," disse-me ela. Quando eu concordei, disse que ela ainda estava com a pessoa certa.

Por esta altura eu estava a chorar, e ela transmitiu-me mensagens do meu filho. Ele mandou dizer-me para não me preocupar, que ele tinha morrido porque eu tinha uma grande obra para fazer na terra. Ele era super inteligente e tinha conhecimento. Ele tinha uma grande afeição pela minha namorada, cujo aniversário se aproximava. A médium falou de muitas coisas que não havia possibilidade que ela soubesse sobre "John", por isso acreditei no que ela me disse.

"O seu filho está a dizer que tem de proteger a Mio," disse a médium, "você é o forte. Forte como um touro. Deve comprar-lhe um anjo de cristal." E assim fiz, e dei-o a Mio no seu dia de anos como um presente do meu filho.

ESTAVA FRIO NAQUELE dia de Maio de 1997, e o centro da cidade de Joanesburgo tinha-se tornado um lugar perigoso. A libertação de Mandela, sete anos antes, não oferecia esperança bastante para fazer parar o rápido fluxo de empresas que saíam da cidade. Durante algum tempo, a incerteza sobre o futuro aumentava quase tão rapidamente como o crime, que se tornava violento no centro da cidade. O crime violento era vulgar e havia muito que não chegava às notícias.

Master Chip and Veg, nas suas instalações ainda em expansão, em Jeppestown, foi assaltado várias vezes, tendo vivido em primeira mão a onda de crime – se podia ser assim chamado, visto que as ondas retrocedem, e o nível de crime parecia estar a aumentar com passo firme em Joanesburgo. "Naquela altura a situação não era muito boa naquela área, a verdade é essa," diz Víctor, "havia continuamente roubos." Um dos roubos que houve na fábrica de Jeppestown, durante o qual Carlos foi atingido na face, tendo-se a bala alojado no pescoço, iria ter consequências de longo alcance: Víctor tinha identificado um dos culpados.

***

Voltemos àquele dia frio, o 28 de Maio, quando o inverno chegou para tomar o lugar do outono. Bruno Rebelo lembra-se de ter ido à escola, sentia que o dia era estranho, tinha uma sensação estranha. "Meti-me numa luta. Bom, na realidade atirei um grampo a um tipo pequeno na aula, e depois disso parecia que ele me queria apanhar. Estávamos na passagem entre aulas, ele voltou-se, deixou cair a mala e voou para mim." Apanhado de surpresa, Bruno ficou atordoado pelo certeiro golpe na cabeça. Os seus amigos insistiam que ele "batesse no rapaz negro", mas alguma coisa lhe disse para não o fazer. De qualquer forma, o rapazito estava indefeso, agora que o professor lhe tinha deitado a mão. Na mente de Bruno havia algo mais importante. Na noite anterior tinha tido uma bulha com o irmão mais velho, e precisava de resolver o assunto. Assim, em vez de ir para casa, ele foi para a fábrica do Master Chip and Veg, de olhos negros e tudo.

"Não te preocupes," tinha dito Paulie, "nós depois resolvemos o assunto. Vai para casa, Bruno, e descansa." Bruno estava em casa com o avô Augusto, que tinha vindo de Portugal para os ver, quando tocou o telefone ao quarto para as cinco da tarde.

"Eu estava a tomar conta de uma pizaria," lembra-se Mark Rebelo (ou Marki, como é conhecido). "Na tarde anterior, embora eu tivesse a tarde de folga, o Paulie e eu tínhamo-nos encontrado ali. Fumámos um maço de cigarros enquanto conversávamos." No dia seguinte, Paulie tomou um chuveiro e vestiu-se elegantemente. "Isso foi estranho, porque, habitualmente, usávamos roupas velhas para a fábrica," diz Marki. Foi também estranho que o irmão tivesse usado a máquina de barbear elétrica do pai durante o dia para rapar a barba. Ele nunca tinha feito isso antes.

Carlos e Paulie estavam a fechar a fábrica da Master Chip and Veg. Eram horas de muitos deixarem o trabalho e iniciarem a ida para casa, e uma multidão de pedestres enchia as ruas de Jeppestown. Havia alguns vendedores ambulantes (principalmente quando as pessoas se aproximam da via rápida no sentido norte-sul, ou uns quarteirões mais adiante, de sul para norte, se fossem na direção contrária) para atender ao tráfico de pedestres, pois a maior parte das empresas em Jeppestown não era do tipo de confiar nos clientes de passagem.

Fora da Master Chip and Veg, na rua Park, Paulie – um homem grande, de cabelo escuro – lentamente meteu o seu corpulento corpo na carrinha, e estendeu o braço para colocar o telefone na consola do meio dos assentos. Antes que ele se pudesse endireitar, ouviu-se um tiro, depois outro, e outro – cinco tiros ao todo – e quando Carlos correu para fora, o atirador, ou atiradores, tinha fugido. Não levaram nada.

Pouco tempo depois, Augusto soluçava descontroladamente, com o telefone na mão. "Avô, o que aconteceu?" Bruno sentia que mal podia respirar: "Diz-me o que aconteceu!"

Quando a família se juntou, o sol de tons alaranjados mergulhava em direção aos escuros edifícios de Joanesburgo. A área do lado de fora da fábrica Master Chip and Veg, na rua Park, era agora uma cena de crime completada com um corpo ensanguentado numa carrinha com porta aberta. O primeiro tiro foi atirado para trás do pescoço, notaram mais tarde os investigadores. Um golpe, calculou a polícia, mas porquê? As respostas vieram lentamente. O consenso é que o atirador ou atiradores tinham atingido o homem errado. Era Victor que eles queriam, e Paulie era suficientemente parecido com o pai em constituição física e aparência para ser confundido com ele. Víctor, porque ele tinha identificado um dos culpados de um roubo que se tinha realizado semanas antes, que deixou uma bala alojada no pescoço de Carlos. Víctor, porque ele era uma testemunha num caso pendente em tribunal, tendo o suspeito sido preso e seria de certeza condenado. A não ser que, evidentemente, Víctor não pudesse mais testemunhar.

Mesmo que o homem errado tivesse sido morto, o provável objetivo do alegado golpe teve sucesso: Víctor recusou-se a testemunhar. "Aqueles gajos eram profissionais. Se uma condição para eu testemunhar fosse trazer-me o meu filho, eu testemunharia. Mas não era, e eu não podia trazer o meu filho de volta. Seria estúpido arriscar a minha vida e a vida do resto da minha família." Ainda tinha dois filhos, raciocinou ele, e a sua visão para o futuro incluía os dois.

***

A despeito dos conselhos da família e amigos, o aumento do crime aparentemente irreprimível, a avalanche de roubos e o assassinato do filho, Victor tinha fé. Para ele, a África do Sul era uma terra que apresentava oportunidades. A falta de confiança em propriedades comerciais não ia impedi-lo de tirar proveito de alguma oportunidade específica, e ele, gradualmente, comprou as restantes propriedades que Mentis possuía na área. "Não posso dizer que comprei todo o quarteirão. Eles praticamente deram-mo."

Víctor veio a conhecer o seu senhorio, Mentis, e a família. "Eles eram cautelosos, mas muito generosos," diz ele. "A filha era casada com Clive Worthington, o homem que tinha sido tão prestável quando a Master Chip and Veg montava as suas novas instalações." Víctor visitou Clive na quinta de citrinos, em Hoedspruit[68]. "Eles têm um conjunto de chalés na herdade. Os hipopótamos passeiam no jardim, os crocodilos nos rios Olifants e Blyde, que correm pela herdade." Aconselhado por Ismael, Víctor levou a Clive três garrafas do melhor Porto português, e a

---

[68] Área e cidade na província do Limpopo, a cerca de 5 horas de viagem de Joanesburgo. É uma região de citrinos e de reservas naturais de animais. Hoedspruit é um nome africander que quer dizer 'riacho do chapéu'.

melhor parte foi desfrutada sob um céu ameno e estrelado.

"Antes de mais nada, vamos fazer uma caminhada?" sugeriu Clive.

"Vamos," respondeu Víctor. Qualquer coisa parecia uma boa ideia depois de um bom Porto português.

Fiel à sua palavra, Clive levou o pequeno grupo para o mato e andaram. E andaram. E andaram. "Ó meu Deus," pensou Víctor quando eles já tinham andado o que pareciam horas, "agora temos de caminhar tudo de volta para o pequeno almoço!" Pelos seus cálculos, chegariam perto do almoço!

"Queres descansar?" perguntou Clive a certa altura.

"Certo." Víctor não disse o que estava a pensar, que estava quase cego de fome. Mas quando eles treparam por um grande pedregulho acima que se posicionava perto do ponto mais alto de uma pequena elevação, Víctor julgou sentir o cheiro de comida ... e ele não sabia se era real ou não. Mas era real. O pequeno almoço tinha sido preparado em lareiras ao ar livre para as visitas esfomeadas. No topo do seu ponto de vantagem, as copas das árvores estendiam-se por quilómetros, parecendo uma pista até ao horizonte e como que subindo para o céu.

"Foi o melhor pequeno almoço de sempre. Ovo no buraco do pão. Os meus olhos podiam alcançar milhas e milhas. Era como se eu pudessse ver a Rússia e a China!". Naquele momento alguma coisa mais foi encapsulada, alguma coisa que a sua visão do futuro prometia, algo do sabor do sucesso e a maneira como o céu, o mato e os espaços abertos se fundiam tocou a sua alma. A memória reacende emoções antigas, as lágrimas nos seus olhos dizem também algo sobre a doçura da vida que é verdadeiramente saboreada uma vez conhecida a morte.

28

Amor com severidade

"Temos de ser sacanas para sermos bons!"

O salão cheio de gente silenciou, onde mil ou mais pessoas se juntaram ao pequeno almoço para ouvirem aquele homem a falar.

"O que eu quero dizer é que é preciso ser cruel para ser bom. Hoje as crianças são espertas e sabem como conseguir o que querem." O orador tem a atenção de toda a gente. Ele discursa sobre como os pais são os culpados quando dão às crianças tudo o que elas querem. Só num mundo de fantasia elas terão sempre o que nós não tivemos, porque no mundo real as coisas têm de ser merecidas.

Aquele homem também disse que temos de ensinar as crianças a fazerem "trabalhos desagradáveis", e como tornarem-se empresários. Isto não era tudo; ele também falou em ter uma visão para o futuro.

Esta sabedoria fez sentido para mim e pus em

213

prática muitas daquelas ideias. Desde o princípio envolvi os meus filhos no meu negócio. Como o Paulie, o meu filho mais velho, que ganhou bastante dinheiro no exterior a ajudar o meu pai no negócio dele. A vender automóveis, foi a única vez que o meu pai se saiu realmente bem. Enquanto esteve em Portugal, o Paulie aprendeu a falar, ler e escrever português apenas em seis meses. Ele era um rapaz despreocupado, mas genuíno e educado. Ele falava muito, como eu, e também se dava bem com a maioria das pessoas. Ele realmente gostava de ser amistoso.

Paulie devia ter voltado a Portugal para trabalhar com o avô, mas em vez isso ele estava aqui, a trabalhar para mim. Ele só tinha vindo a casa para um breve descanso, mas teve um acidente de carro e teve de ser operado ao fémur. A Dona Morte está sempre por perto.

Ele tinha dezanove anos, faltavam quatro meses para fazer os vinte anos quando foi morto.

VÍCTOR EMPREENDEU SERIAMENTE a tarefa de educar os filhos, incluindo empregar a sua marca particular de aplicação de severidade no amor que sentia pelos filhos. "Fui sempre um livro aberto para os meus filhos. O meu princípio orientador foi nunca esconder nada deles." Porém isto não queria dizer que ele sentisse que era necessário discutir com os filhos o seu acordo com Mio. Ele tinha aberto o jogo com ela quando lhe pediu para ir morar com ele. Era um acordo simples. Ele pagaria tudo e ela podia fazer o que quisesse com o salário que ganhava. Desta maneira, Víctor ofereceu a Mio o que, na sua opinião, era de longe melhor do que a segurança convencional de um casamento. E Mio, sendo uma mulher inteligente, investiu sabiamente.

Alguma forma de conflito era talvez inevitável entre os filhos de Víctor, que estavam a crescer, e a nova senhora da casa. Víctor culpava Lina, suspeitando que ela falava mal de Mio aos filhos, ou em frente a eles. Quer isto fosse verdade ou não, Mio e os rapazes de Víctor estavam a desenvolver o seu próprio relacionamento. Enquanto com o Paulie era cordial, baseado num crescente e mútuo afeto, com o mais novo, Marki, era mais hesitante. Saindo ao pai, Marki exprimia livremente as suas reservas. Apontando para Mio, sentada no braço do sofá ao lado do pai, ele disse: "Essa miúda ao pé de ti está a usar-te."

Víctor lembra-se deste incidente por ter sido a primeira vez que pôs Marki e Bruno fora de casa. Eles fizeram as malas e Paulie levou-os de carro para a casa da mãe.

"Isso foi a coisa mais difícil," diz Marki. "Evidentemente, de princípio nós queríamos que os nossos pais voltassem a juntar-se. A coisa mais difícil foi escolher entre os dois." Os rapazes tinham discutido esta questão entre eles. Paulie disse que ficava, Marki e Bruno decidiram ir viver com a mãe.

"Nós não sabíamos que tipo de acordo Mio e o pai tinham feito entre eles. Claro, agora nós vemos as coisas de maneira completamente diferente," expressou Bruno. "Mas naquela altura, saí de casa juntamente com o Marki."

Afinal revelou-se que a presença dos dois filhos criou ainda mais conflito na casa de Lina do que na casa do pai. "Nós pusemos uma grande pressão na relação dela," disse Marki, "e as coisas atingiram o clímax quando um dia eu quis atirar-me ao Ismael. Pela primeira vez, eu compreendi que estava a obrigar a minha mãe a escolher entre eu e ele. Não podia continuar a fazer aquilo." Os irmãos pediram conselho ao Paulie. Tanto Marki como Bruno lembram-se de ter ficado um ano com a mãe, mas Víctor recorda-se de maneira diferente. "Cerca de três meses mais tarde, inesperadamente, recebi notícias deles. O Bruno é que me me telefonou, perguntando se podiam aparecer para o jantar." Os rapazes chegaram com a sua bagagem e voltaram para casa.

***

O Marki precisava de uma liçãozinha do pai no que diz respeito a empreendedorismo, visto que as suas primeiras escolhas comerciais foram duvidosas. A vez seguinte que ele deixou a casa do pai foi uma fuga depois do pai o ter acusado, a ele e ao primo Luís, o filho mais velho de Nelita, de lhe terem roubado um telemóvel. Embora não fosse ele o culpado, Marki tinha muito com que se sentir culpado e preferiu afastar-se enquanto o pai descarregava o acesso de raiva. Na manhã seguinte, ele estava a resolver qual seria a sua jogada seguinte quando o amigo, na casa de quem ficara, entrou a correr: "Os polícias estão aqui!" Eles não estavam apenas ali, eles tinham chegado para prender o Marki Rebelo, por barbear, de cabelo comprido, e ainda de cuecas.

"Vamos levar-te," disseram, esperando que ele se vestisse. Um triste Luís estava já na carrinha da polícia quando Marki foi atirado lá para dentro. A polícia fez um desvio óbvio e propositadamente longo, dando a Marki muito tempo para se admirar por que motivo o tinham ido buscar. Ele tinha um negócio próspero a vender telemóveis roubados. Talvez fosse isso. Ou talvez as armas que ele comprava e vendia. Ou talvez o prendessem devido a uma das lutas em que se tinha metido. Os polícias andaram às voltas durante o que pareciam séculos, antes de serem fechados à chave numa cela da esquadra da polícia de Primrose. Uma vez lá, pensamentos desenfreados atravessavam-lhe a mente. Talvez pudesse arranjar a velha cadeira partida e escapar pelo teto. Como se vê, a experiência não lhe tinha reprimido a arrogância.

"Olá, amigo," Marki chamou um polícia que passava, "tens um cigarro?"

"Com quem é que pensas que estás a falar?" O homem alto, de ascendência indiana, olhou para Marki desdenhosamente. "Achas que isto é uma brincadeira?"

"Sim, penso!" Esta resposta foi um erro que fez com que Marki e Luís fossem transferidos para o calabouço. "Acontece que aquele polícia era importante." Havia uma retrete no canto da cela e um colchão delgado no chão. O raio de luz que brilhava pelo buraco da fechadura era mais forte do que a luz redonda, coberta com rede, no teto. À medida que as horas se alongavam, Marki teve muito tempo para pensar. Pensou nos telefones que comprava à mãe de um amigo por duzentos randes (12,5 euros), e vendia por dois mil (125 euros). Pensou na primeira arma que tinha vendido. Pensou nas pessoas que lhe deviam dinheiro daquele negócio ilegal de telemóveis, cartões de carregamento pré-pagos e armas, tudo cuidadosamente anotado. A lista dos seus devedores valia muito, se pudesse recuperá-la toda. Enquanto olhava para a poeira que dançava no raio de luz que entrava pelo buraco da fechadura, ele resolveu abandonar tudo. Se ele se safasse daquela, prometeu a si próprio – e a um poder superior, se estivesse a ouvir –, que ele nunca mais compraria ou venderia mercadoria roubada.

Quando uma chave na fechadura escureceu o quarto, Marki Rebelo tinha já decidido. Quando os seus olhos se ajustaram à luz, viu que o seu pai tinha chegado para o levar. "Claro, ele tinha muitos amigos polícias." Contudo, o encarceramento de várias horas não tinha feito com que Marki se arrependesse de ter dado aquela resposta ao polícia de patente superior.

"Vic, tens de mandar este rapaz aqui todas as semanas para apanhar as beatas dos cigarros e lavar as carrinhas da polícia," disse o tal polícia, abanando a cabeça ao rebelde Marki.

Em casa, Víctor contou ao filho que um joalheiro amigo tinha ficado tramado numa operação da polícia relacionada com diamantes ilegais, e tinha ido parar à prisão. Marki nunca soube o que mais, ou o que menos, o seu pai sabia, mas ele já tinha decidido. "Não sei se o meu pai compreende que praticou uma boa ação, o bem que me fez, naquele dia, por me ter lançado na prisão. Foi mesmo no dia a seguir que um gajo me chamou e me ofereceu uma quantidade de relógios. Eu recusei." Boa decisão, porque era uma tramoia.

Marki também resolveu não cobrar nenhum dinheiro do que lhe era devido. "Ainda tenho a lista dos devedores, mas era um dinheiro sujo. Não o queria."

À sua maneira, e com o inesperado empurrão do pai, Marki Rebelo fez praticamente a mesma promessa a si próprio que Víctor Rebelo tinha feito vinte e cinco anos antes. E tal pai tal filho, Marki era um homem de palavra.

29

Ouro líquido

Segui o vedor de água enquanto ele andava pela propriedade com um pau bifurcado. Quando ele marcou o ponto onde precisávamos de furar, ele estava confiante de que havíamos de encontrar água. Era outro verão quente, havia uma seca e restrições de água. O problema era que eu tenho uma família grande, não somos só eu e Mio e os rapazes, mas também o filho dela, o Miguel, que estava connosco. Carlos, o ex-namorado da Nelita e o filho deles, Rod, comem connosco quase todas as noites. E depois há o Luís, o filho mais velho de Nelita, que também vive connosco. Durante um período, Cláudia, a minha meia-irmã, ficou connosco. A casa estava sempre cheia de gente e eu era multado todos os meses por gastar demasiada água. Um dos meus vizinhos vivia no bairro há muito tempo, por isso pensei que ele talvez me soubesse dizer se havia alguma solução para o meu problema.

"Courtney, há água aqui?"

"De certeza que há água," respondeu Courtney. O velhote, que vinha com a mulher tomar chá connosco uma vez por semana, lembrava-se de quando tinham construído a via rápida próxima. "Houve um grande atraso quando eles dinamitaram a rocha e jorrou água. Levou-lhes meses para solucionarem o problema."

Um furo resolveria os meus problemas. Mandei furar mesmo no ponto que o vedor tinha apontado. Encontraram água a quarenta metros. "Vai mais abaixo," disse o vedor. A um pouco mais de oitenta metros, foi encontrada mais água. O local da perfuração era exatamente acima de uma fissura numa camada de granito sólido. Debaixo da minha casa havia um reservatório, na realidade um lago subterrâneo, rodeado de rocha. A água foi analisada pela Água de Joanesburgo, bem como pelo Conselho de Investigação Científica e Industrial (CSIR).

"Sr. Rebelo, pode fornecer outra amostra? Gostaria de analisar outra vez," pediu a senhora do CSIR. Ela não podia crer nos primeiros resultados obtidos, que revelavam que a água era quase cem por cento pura.

"Uma manhã acordei com a ideia de que devia engarrafar a água. Sentei-me à mesa da casa de jantar – aquela que agora está no meu escritório – e desenhei o projeto de uma fábrica de engarrafamento. Foi construída no quintal da casa. Inicialmente engarrafávamos a água à mão e tinha um cliente.

Foi só depois que me lembrei de uma coisa que a médium me tinha dito, aquela que me tinha transmitido as mensagens do Paulie. Eu estava com o meu pai, que foi consultá-la depois de mim. Tive de ir

*com ele para traduzir. Jeanine, penso que este é o
nome dela, perguntou-me: "Vic, tem uma loja de
bebidas?"*

*"Não," respondi, "o meu negócio é de vegetais e
coisas assim."*

*"Posso vê-lo entre milhões e milhões de garrafas,"
notou ela.*

A MÉDIUM TINHA RAZÃO. O negócio do
engarrafamento da água, com o rótulo de *C'est la vie*,
arrancou, enquanto Víctor, lentamente, renovava
instalações adicionais à medida que a Master Chip and Veg
se expandia.

A médium também predisse algo mais. Víctor tinha um
amigo que operava um negócio de bate-chapas na baixa,
perto do viaduto. Era um bom lugar para parar e conversar
enquanto Mio acabava o trabalho. "Por que não fazes
melhoramentos na tua loja," perguntou-lhe Víctor. "Um
dia destes não consegues trabalhar porque as companhias
de seguro exigem instalações em conformidade com os
requisitos, sabes?" Mas o amigo não dava ouvidos a Víctor,
preferindo mandar para Portugal até ao último cêntimo
em vez de investir no negócio.

Naquele dia, com o céu já a escurecer, Víctor voltou
para o seu Mercedes branco estacionado perto da via
rápida aérea, com os carros sibilando por cima. O que
aconteceu a seguir levou segundos, mas para Víctor
parecia que o tempo estava a passar em câmara lenta.
Víctor estava no carro quando, pelo canto do olho, notou
um movimento e compreendeu que havia uma arma
apontada à sua cabeça. Saltou do carro e correu, instinti-
vamente aos ziguezagues em direção ao viaduto,
avançando para a relativa segurança de um dos pilares de
suporte da via rápida que passa por cima. Enquanto ele se

esquivava para a frente e para trás, para a esquerda e para a direita, explodiram vários tiros. O amigo tinha uma arma e disparou para o agressor de Víctor, mas falhou. Um segundo assaltante, escondendo-se por trás de um dos pilares, também disparou um tiro, que atingiu o amigo de Víctor no ombro. Ambos os bandidos conseguiram fugir.

Numa cidade como Joanesburgo, pode-se facilmente predizer que há uma elevada probabilidade de um motorista poder ser, pelo menos uma vez, vítima de um roubo de carro, ou de uma tentativa, aumentando substancialmente essa possibilidade com o tipo e a marca dos carros. "A médium disse-me que seria assaltado e ela tinha razão."

Víctor vaticinou que o amigo destruiria o negócio se não investisse nele, e não se enganou. "Claro que, no fim, a empresa faliu," disse Víctor, "mas isso foi muito depois." Também foi muito mais tarde que a mulher do amigo confidenciou a Víctor.

"Lembras-te daquele aviso que nos deste sobre o investimento?" Víctor lembrava-se. O amigo estava excitado porque esperava um bom retorno num investimento que tinha feito.

"É demasiado bom para ser verdade," alertou um Víctor desconfiado, "é impossível ganhar tanto dinheiro em tão pouco tempo."

"Não contes a ninguém, mas ele investiu cem mil randes. E eu, como uma tola, também pus dinheiro." O esquema da pirâmide ocorreu numa escala tão grande que fez notícia. "Claro, perdemos tudo," disse a mulher.

Nesta altura Víctor não via muitas vezes o amigo, principalmente porque ele era demasiado pessimista. "Ele tinha formas de lidar com vendedores ambulantes que me incomodavam," disse Víctor. Havia um pobre coitado que vendia trapos usados. Ele dizia: "Patrão, tenho pano para limpar, podes limpar o teu carro ou o que quiseres."

"Quanto custa?"

"Cinquenta randes, patrão."

"Ok. Traz." O amigo ficava com o fardo de trapos velhos, e depois pagava ao homem vinte e cinco randes.

"Como é que lhe podes dar metade do que ele pediu?" protestou Víctor. "Não lhe compres mais nada se não lhe pagas tudo!"

***

Víctor talvez não tenha tido claramente princípios políticos, porém as suas atitudes foram formadas ao longo de uma vida de testemunho do que ele entendia como uma luta desigual entre o pobre e o rico. Em rapaz tinha percebido a divisão entre aqueles que tinham, e aqueles que não tinham, uma velha luta que na África do Sul assumiu dimensões diferentes. "Quando as pessoas são conservadas incultas e reprimidas," comenta Víctor, "quando nem sequer são autorizadas a ter alguma dignidade, elas usarão os meios mais simples para criar o caos. Como incendiarem lugares, queimarem pneus e bloquearem ruas. Estas são maneiras baratas de neutralizar o inimigo."

Havia ainda um motivo mais pragmático subjacente à insistência de Víctor em tratar as pessoas com imparcialidade. "Alguns portugueses aceitavam mercadoria roubada a um preço muito abaixo do preço do mercado. Então, uma vez que o material tivessse sido descarregado nos seus armazéns, pagavam muito menos do que tinha sido combinado. Muitos crimes por resolver são o resultado das pessoas intrujarem esses vendedores dessa maneira."

Na Master Chip and Veg, na fábrica de Jeppestown, e na fábrica de engarrafamento por trás da sua casa, Víctor lidou com a tarefa de retribuir à sua maneira o que, neste país, tem recebido na vida. "Alguns tipos empregam mão de obra barata e depois pensam que economizam por não treinarem o pessoal. Como a empresa de eletricidade que mandou o eletricista branco com o seu assistente."

"É esta a luz?" O eletricista apontou para o teto do escritório de Víctor, com o assistente atrás com as ferramentas e o escadote. Víctor viu o homem subir o escadote para inspecionar a lâmpada florescente avariada.

"Dá-me a chave de fendas," ordenou ao assistente. "Não, homem! Não pedi a chave de fendas de ponta convencional, eu quero a chave de fenda de estrela!"

"Mas não disse qual delas queria," interveio Víctor de súbito, sem se poder conter.

"Ele devia ter-me perguntado," foi a resposta brusca.

"Treina o seu pessoal?" perguntou Víctor.

"Para quê? É como se estivesse a falar para uma parede," respondeu o eletricista. E depois, voltando-se para o seu assistente silencioso: "Nunca aprendes, não é? Podemos tirar-te do mato, mas não se pode tirar o mato de dentro de ti, seu estúpido ca*****r!"

"Saia! Agora!" Víctor estava pálido, e ele cumpriu a palavra de nunca mais se servir daquela companhia. Ele tinha a sua própria esfera de influência e foi ali que resolveu fazer a diferença.

"Não posso mudar o mundo todo, mas posso mudar o meu próprio pequeno mundo. Este país deu-me oportunidades. Cometi os meus erros, mas tive a oportunidade de trabalhar duro, dar o melhor de mim e fazer alguém de mim. Agora é a minha vez de retribuir. Posso dar às pessoas a possibilidade de aprenderem, de trabalharem. Tudo o que peço é que respeitemos as diferenças uns dos outros. Se não gostarem de mim e da maneira como faço as coisas aqui, então são livres de escolher outra coisa."

30

Procedimentos estúpidos

Olhei para o relógio. Eram três da manhã e o Bruno ainda não tinha chegado a casa. Não era a primeira vez, ou mesmo a segunda ou terceira. Pelo menos Marki estava a dormir na cama. Eu estava farto disto, de esperar e de me preocupar. Não inte-ressava se era durante a semana ou não, se tivessem de trabalhar ou não. Chamei o Bruno. O telefone estava desligado.

"Acorda!" Abanei Marki. "Onde está o teu irmão?" Marki não sabia e também não pôde falar com Bruno. Os dias em que eu os ia levar e buscar há muito que tinham passado, mas pelo menos nessa altura eu sabia onde eles estavam e que estavam seguros. A discoteca do Clube Italiano, em Bedfordview, numa sexta feira à noite, festas em casa dos amigos, onde quer que eles quisessem ir. Mudou quando eles se tornaram móveis. Tentei deixar de pensar em acidentes e assaltos aos carros e em todas as maneiras em como um jovem,

talvez um jovem embriagado, podia ficar ferido. Ou perder a vida. Então ouvi o portão abrir. Eram quase quatro da manhã. E ali estava ele, com ar de passeio e a pendurar as chaves sem o mínimo cuidado.

"Isto são horas de chegar a casa?"

Bruno pulou quando viu que eu estava à espera dele atrás da porta. "Eu ainda vou para o serviço, pai," disse ele. Ele tentou dizer-me alguma coisa, talvez explicar por que é que o telemóvel estava desligado, ou ambas as coisas, mas eu estava farto.

"Faz as tuas malas e vai-te embora!" Ele não iria para o serviço mais uma vez e adormecer na secretária, com o telefone a tocar mesmo ao pé da orelha e ele sem ouvir. Eu não ia dar-lhe outra chance de me preocupar sem saber onde ele estava e o que lhe podia ter acontecido, porque ele nem se importava.

"NÃO É FÁCIL ser tão rigoroso," diz Víctor. "Claro, fui criticado por todos os quadrantes." Mas ele resistiu às críticas por ter expulso o filho tanto de casa como do trabalho, acreditando que estava a fazer o que era correto. Tanto assim que ele fez isto a Bruno e a Marki mais do que uma vez.

Embora não tivessse contacto com o filho nos meses que se seguiram, Víctor mantinha-se a par das suas atividades. Ouviu falar no trabalho que Bruno tinha arranjado emprego numa loja de venda de vegetais, a trabalhar atrás do balcão. As horas de trabalho eram compridas, não havia intervalo para o almoço e ganhava muito pouco. Três meses depois conseguiu um emprego melhor numa empresa de advogados, onde trabalhava a sua futura sogra, mas mesmo assim teve dificuldade para substituir um pneu rebentado. "Quando soube que ele não tinha dinheiro para comprar um pneu novo, foi difícil não intervir. Mas em casa ele vivia num mundo irreal, por isso ele tinha de viver onde as coisas são reais e aprender a apreciar o que lhe aparecia na vida."

Três meses depois, Bruno telefonou ao pai. Encontraram-se num restaurante popular de comida rápida, num centro comercial. Bruno explica: "Nós somos rápidos a falar, temos a cabeça quente, queremos dar a nossa opinião e dizer o que pensamos, por isso os lugares públicos são melhores porque nos portamos melhor." Ele estava a ter dificuldades em sobreviver, como tinham dito a Víctor, e queria voltar para o trabalho e para casa. Escusado será dizer, Víctor tinha alguns F & C[69]. Bruno voltou para casa e retomou as suas ocupações na Master Chip and Veg, celebrando aquele natal com o pai. "Ele estava sombrio, sisudo," diz Víctor. "Penso que ele ainda estava envergonhado."

Bruno recorda de modo diferente. "Todos nós temos orgulho. E todos nós somos teimosos. Por consequência, quando começamos a discutir nunca mais acaba. Mas eu nunca podia dizer o que pensava." Quando os rapazes deixaram a casa do pai para ir viver com a mãe, há muitos anos atrás, Bruno esperava a orientação dos irmãos. "Quando éramos pequenos, eu nunca sabia o que estava a acontecer. O divórcio, e deixar a casa do pai para ir viver com a mãe, todas essas coisas pareciam tão inesperadas, embora provavelmente não fossem. Mas já não sou pequeno, no entanto ainda luto para ter a palavra e dizer qual é a minha opinião."

À medida que os meses se tornaram anos, parecia que os laços entre pai e filhos iam bem, tanto em casa como no trabalho. Claro que havia tensões, o tipo de tensão que se espera entre jovens adultos e os pais, da mesma maneira que tinha havido entre Víctor e o seu próprio pai. Apesar de tudo, viverem e trabalharem juntos ocasionou os seus

---

[69] F & C: Fins e Condições.

próprios desafios particulares. Por mais que Víctor e os filhos tivesssem concordado em separar os assuntos do trabalho dos da casa, na prática parecia não ser possível, como ilustrou o incidente dos pimentos amarelos.

Marki gostava de jogar forte e tinha tendência para chegar tarde a casa à noite – ou de manhã cedo – mas ele também trabalhava arduamente. Uma das suas tarefas era fazer as compras no mercado, e, um dia, ele estava na secção da fruta – ou talvez das batatas – quando o seu pai telefonou. "Marki, preciso de uma palete de pimentos amarelos." Quando compreendeu que Marki estava numa secção diferente do mercado, ele acrescentou: "Telefona-me quando tiveres o preço." Mas Marki não telefonou ao pai, em vez disso comprou os pimentos ao preço que pensou ser um bom preço.

"Nós discutimos quando voltei à fábrica," lembra-se ele, "eu devia ter telefonado com o preço como ele tinha pedido." Naquela noite, em casa, Víctor encurralou outra vez Marki.

"Se isto acontecer outra vez, podes procurar outro emprego." Víctor sentia que o filho tinha sido insubordinado.

Marki reconhecia que era totalmente dependente do pai e não gostava disso. Por isso, nessa mesma noite encontrou-se com dois amigos e debateram a ideia de começarem um novo negócio na garagem de um deles. Arrancaram com o comércio em Outubro de 2006. "Depois do trabalho, passava horas a empacotar nozes. Chegava a casa às duas ou três da madrugada." Víctor talvez pensasse que Marki andava na farra, o que ele ainda fazia, mas não tinha conhecimento do novo negócio.

***

Era Dezembro, e Marki não tinha transporte. Ele tinha

batido num objeto de metal sólido na via rápida depois da festa de um esplêndido casamento perto do rio Vaal, a cerca de 70 quilómetros de Joanesburgo. "Deve ter rachado o coletor," diz ele, "porque havia uma fuga de óleo por todo o lado. Tive de o mandar rebocar." Marki pediu emprestada a carrinha do pai enquanto o carro estava a ser reparado. Era uma sexta feira à noite, e ele precisava de transporte. Víctor começou a tardinha tentando não se preocupar com a carrinha. A última vez que tinha emprestado uma carrinha a Marki tinha sido roubada no ginásio. Nessa altura a criminalidade imperava, assim ele tentava também não se preocupar com o filho, mesmo quando ele não voltou para casa naquela noitc. Afinal, talvez já se tenha dito, ele ia muitas vezes tarde para casa. A questão é que costumava telefonar, mas não daquela vez. O que Víctor não podia saber é que Marki estava determinado a ganhar um aparelho de alta fidelidade naquela noite. A inscrição era um golo de whisky (um tot), e ele tinha comprado muitas incrições! Estava incapaz de conduzir, e tinha passado a noite na casa da namorada, mas ela não sabia como mandar uma mensagem ou telefonar pelo novo telemóvel do namorado.

Um som persistente acordou gradualmente Marki.

"Marki, onde estás tu?" Víctor foi quem fez o primeiro contacto.

"O quê? Uumm ... Ainda estou no Vaal, pai," respondeu o confuso Marki, sem realmente ter a certeza onde estava.

"Não mintas!" Antes de desligar o telefone na cara do filho, Víctor disse-lhe para levar a carrinha para casa.

Mais tarde, naquela manhã, Nancy, a namorada de Marki, perguntou-lhe: "Lembras-te de ter falado com o teu pai?"

Ele não se lembrava, mas enviou uma mensagem ao pai dizendo que tinha estado demasiado embriagado para conduzir ou telefonar, e que tinha confundido o fim de semana anterior no Vaal com o presente. Marki foi à festa de natal do pessoal da fábrica, embora fosse o seu dia de folga. Naquela tarde, pai e filho não falaram um com o outro na fábrica, ou em casa, até que Marki mais tarde, à noite, se preparou para sair.

"Onde vais?" perguntou Víctor.

Era uma festa de natal de um amigo e Marki tinha pedido a Nancy para o ir buscar. "Vou sair. Porquê?"

"Não saias sem levar as tuas malas."

"O quê?"

"Faz as tuas malas e vai-te embora!"

Depois de ter metido as malas no carro da namorada, Marki voltou-se para trás e confrontou o pai, da mesma forma que, anos antes, ele se tinha virado para o capitão indiano da polícia, com uma certa arrogância para esconder os seus verdadeiros sentimentos: "E com respeito ao trabalho?"

"Não voltes." Era o que Marki receava, mas desta vez era a casa que afetava o trabalho.

Passaram-se dois anos até que Víctor e Marki se reunissem para falar, e seria o último a iniciar o contacto. Combinaram encontrar-se para tomar um café ou para almoçar, e conversar. Marki pediu conselho sobre o aluguer de instalações para o seu negócio em expansão, tendo mesmo levado o pai para ver propriedades. "Achei razões diferentes para pôr defeitos, porque nenhum dos lugares era bom," diz Víctor. "O agente imobiliário deve ter pensado que eu era louco. Mas tinha as minhas razões. Eu tinha o sítio perfeito para ele, mas ele só tinha de me pedir." Marki tinha um contrato grande e bom, mas o seu cliente era exigente com a dinâmica da higiene, e a garagem de onde operavam nunca reuniria as condições.

"Quando ele me perguntou se eu tinha alguma ideia, mostrei-lhe o que tinha construído para ele." Depois de alguma discussão sobre como funcionaria, Marki mudou o seu negócio em rápido crescimento, o Big Nuts, para as instalações que o pai lhe ofereceu.

***

Entretanto, Víctor ocupou-se a ajudar Bruno a montar e a renovar uma casa perto da sua. Quando compreendeu o pouco que Nicole, então a namorada de Bruno, ganhava, ele ajudou a construir um estúdio nas traseiras da casa para que ela pudesse ter o seu salão de cabeleireira. Em 2009, quando eles casaram, tinham uma casa bonita. "Era um palácio comparado com o que tinha sido," diz Víctor, "até tinha um lago com peixes ao longo da parte da frente da casa."

Talvez fosse inevitável que Víctor e Bruno discutissem acesamente outra vez. E assim foi, espetacularmente, num dia frio de junho, em 2010. Quando Bruno entrou, Víctor já estava mal humorado devido à falta de corrente elétrica, que implicava que os computadores precisassem de ser reconfigurados. Quando Bruno andou à volta da mesa redonda para o cumprimentar, Víctor disse: "Estes computadores de merda, precisam de se reconfigurados. Trata deles!"

"Chiii, pai," protestou Bruno. "Cheguei agora e já estás a gritar comigo!" A partir daqui, as coisas pioraram, com a má disposição de Bruno depressa a corresponder à do pai. A Víctor parecia que o seu filho era indisciplinado, rebelde: "Bruno parecia, como hei de explicar, de mau humor, zangado. Outras pessoas na fábrica diziam que era desagradável trabalhar com ele quando ele estava daquela maneira." A discussão intensificou-se, acabando com Víctor a despedir Bruno, naquele mesmo momento.

Mas isto não foi o fim, pois Bruno ainda voltou outra vez à Master Chip por um pouco mais de um ano antes da discussão seguinte. Um dia, mais uma vez, as tensões intensificaram-se, finalmente chegaram a um ponto crítico quando um confiante Bruno entrou no escritório depois do que pensava ter sido uma interrupção bastante curta para ir ao quarto de banho. Porém Víctor andava à procura dele, e achou que tinha sido demasiado longa. Evidentemente isso não era na realidade a verdadeira questão.

"A quem é que eu disse ontem para ir buscar a Avó?" Víctor atacou Bruno.

"A mim, pai."

"Quem é o patrão aqui?"

"Claro que tu és o patrão."

"Então por que é que mandaste Rod, quando te disse a ti que tinhas de ir?"

Bruno tentou defender-se: "Eu tinha uma data de coisas a fazer e o Rod estava com tempo vago..." O pai andou à volta da secretária, agressivo, e pôs-se em frente ao rosto de Bruno. Víctor já tinha começado a insultar Bruno, um dedo espetado no peito dele: "Pai, não me insultes!" E um novo empurrão com o dedo polegar espetado... "Pai, não me toques." E um forte empurrão... "Pai!" Bruno recuou, com o pai a empurrá-lo vigorosamente, com o rosto quase encostado ao rosto do filho. Estavam literalmente cara a cara, nariz quase a tocar no nariz, e Marki podia ouvir a agitação em cima das escadas através da câmara de segurança instalada perto da cozinha.

"Vai-te foder!" gritou Víctor.

"Não, fode-te tu! Se me queres bater, bate! Mas então faz um bom trabalho, porque eu me vou defender e também te vou bater!" avisou Bruno fora de si.

"Fode-te lá fora, sai daqui! Não és aqui desejado," berrou Víctor. E, naquele momento, Bruno não queria saber como iria pagar a prestação do carro novo que tinha comprado (uma compra de que não tinha pedido informações ao pai), ou o empréstimo da casa, ou pôr comida na mesa.

"Aqui estão as tuas chaves," disse ele, deixando-as cair em frente ao pai. "Pensas que, por causa do teu dinheiro, podes controlar-nos. Podes ficar com tudo, até ao último cêntimo, e mete-as no cu!" Daquela vez, Bruno não perdeu só o emprego, ficou arrasado e também desorientado. Tinha a impressão que o pai o tratava de maneira diferente, que o tratava com mais dureza do que a outros na companhia. Telefonou à mulher: "Não compreendo o que se passa com o meu pai." Ele desatou a chorar, mas chorava por algo que não tinha a certeza que podia ser reparado.

Para Víctor, despedir Bruno pela terceira vez era uma questão de insubordinação. Para Bruno, era não ser ouvido, talvez por não ser realmente visto ou reconhecido. "O meu pai disse que me conhecia, sabia como eu era, mas naquela altura ele não me deixava ter uma opinião. Ficava frustrado e ele dizia-me que falar comigo era como um cão a perseguir a própria cauda." Não podia intervir em nada, não tinha poder de decisão".

Passariam mais quatro anos e um acontecimento de proporções cataclísmicas para que o abismo entre Víctor e Bruno fosse colmatado.

Em tudo isto, despedir e voltar a admitir, oferecer e tirar e depois oferecer outra vez, Víctor mantem que ele estava a tentar ensinar aos filhos lições de vida, sobre como viver no mundo real. Terá ele tido sucesso?

"Tudo acontece por uma razão. Se eu não tivesse tido aquela experiência na prisão, talvez eu agora estivesse morto. Aquela vida ter-me-ia engolido e destruído," Marki ri pesarosamente. "Quase por acidente aprendemos coisas, porque o que tivemos não foi necessariamente aquilo que ele se propunha ensinar." Ao expressar a sua ótica, ele, sem o saber, ecoa o pai, que também encontrou objetivos nas experiências que a vida lhe oferecia.

31

Presente de despedida

Foi devido à doença de Nelito que me tornei totalmente consciente do meu próprio corpo e como era importante tomar conta dele.

Eu perguntava: "Como estás, Nelito?"

"Ó, estou bem. É só uma dor na perna," dizia ele. "O médico disse que é do acidente."

Alguns anos antes, ele voltava a casa depois do trabalho quando o carro de Nelito, devido a um acidente de trânsito que envolveu vários veículos, ficou empilhado, e ele lesionou as costas. Quando aquilo aconteceu, Nelito devia ter cerca de quarenta e cinco anos e deixou de poder trabalhar como bate-chapas. Ele investiu parte do pagamento do seguro de vida numa casa velha, que renovou com a ajuda dos seus amigos portugueses. Foi um sucesso tal, que formou um bom negócio a comprar casas velhas, a arranjá-las e a vendê-las depois. Por isso vivia de maneira bastante confortável, mas apenas um erro é o suficiente para a nossa vida ir por água abaixo. Quando Ana lhe pedia para consultar um médico por causa da dor na perna, ele dizia-lhe: "O corpo é meu. Eu sei o que tenho."

Mas, de facto, Nelito não sabia. Em setembro de 2014 nós fomos a Durban, e ele mal podia andar ao longo da marginal por causa da dor. Eu comprei bilhetes para a família se juntar a mim em dezembro, nos meus anos, mas ele nunca chegou a vir. O cancro tinha estado lá durante todo o tempo, na virilha. Eu não sabia o que fazer. Eu queria doar células estaminais, mas no Hospital Groote Schuur[70] verificaram que eu não era compatível. Por isso tudo o que podia fazer era visitá-lo em Sydney, sentando-me ao lado dele o mais tempo possível. Outros amigos também foram, mas não me lembro dos nomes deles. Um certo casal ficou durante algum tempo e, quando se foi embora, Nelito disse: "Este tipo é realmente bom. É uma boa pessoa." E continuou: "Quando vim para a Austrália, nós os quatro vivíamos todos num pequeno quarto. Não tínhamos camas. Aquele tipo deu-me mil dólares. Comprei camas para nós e paguei o depósito de um apartamento."

Fiquei chocado, porque não sabia que o meu irmão tinha tido tantas dificuldades quando emigrou.

NELITO DEIXOU A África do Sul pouco antes do casamento de Víctor, à procura de pastagens mais verdes. Ele não as encontrou logo e Víctor tentou ajudar emprestando dinheiro ao irmão: "Era para começar o seu próprio negócio. Suponho que não deu resultado." O empréstimo não foi pago e, talvez pelo embaraço que estas

---

[70] Hospital na Cidade do Cabo onde se efetuam certas triagens de saúde.

situações podem causar, Víctor não viu o irmão durante mais de vinte e cinco anos. Isso mudou quando Nelito fez escala na África do Sul a caminho de Portugal. Depois, mais tarde, Víctor visitou-o em Sydney.

"Há muito tempo que tinha o sonho de conhecer a Grande Barreira de Corais. Por isso fui à Austrália para a ver e visitar o Nelito. A segunda vez que fui, foi quando o meu sobrinho, o Vitô, se casou." Na viagem seguinte, Nelito e Víctor encetaram uma viagem para recordar velhos tempos. Viajaram para o Paraíso dos Surfistas, no norte, na Costa de Ouro da Austrália. Víctor lembra-se da visita ao parque de diversões temático do Warner Brothers[71], em Brisbane[72], como o ponto alto daquela viagem específica. "Nós divertimo-nos, gozámos como miúdos, só nós os dois." Nelito era, em muitos aspetos, como o Avô Amorim, um homem gentil e calmo que saía de manhã cedo para comprar pão fresco para o pequeno almoço do irmão visitante. "Ele estragava-me, tinha um bom coração." À sua maneira, Víctor estraga o irmão por suportar os custos das férias.

De todas as visitas, aquela que sobressai é a dos sessenta anos de Nelito. O local da reunião festiva foi na parte da cidade junto ao mar, num dos restaurantes com a sua vista espetacular para o porto. E ainda melhor, enquanto esperavam a chegada de Nelito, os convidados presenciaram um navio de passageiros festivamente iluminado que se preparava para partir. "Estava tão perto, eu quase podia ter entrado no cruzeiro," diz Víctor. A família e os amigos tinham chegado mais cedo e Suzie, a filha de Nelito, tinha ficado de o levar para o ponto de reunião. "Ele não fazia ideia, ele pensava que era um pequeno jantar de família. Por isso ficou surpreendido

---

[71] Grande empresa de espetáculos e diversão que tem a sede na Califórnia, Estados Unidos da América. É muito conhecida pelos filmes que apresenta. É detentora de um dos maiores estúdios de filmes americanos.
[72] Grande cidade nas margens do rio Brisbane na costa leste da Austrália.

quando viu toda a gente. Quando ele me viu, mal podia acreditar nos seus olhos, porque não sabia que eu estava na Austrália." E os irmãos abraçaram-se, ambos a chorar.

A festa de anos tinha sido preparada em segredo, tendo Vitô e Suzie ajudado com a organização em Sydney. Foi o presente de Víctor para Nelito, mas não era tudo. No seu discurso, Víctor tinha uma notícia a dar: "Nelito, tu e a Ana vão passar uma semana em Fiji connosco."

Foram de avião para Fiji, onde embarcaram num pequeno navio para fazerem um cruzeiro da ilha. Com lotação para apenas vinte passageiros, era luxuoso. Víctor, o mais ousado e confiante – que já tinha mergulhado antes – teve de encorajar o irmão para tentar mergulhar com nadadeiras, uma máscara e um tubo para respirar. "Não te preocupes," Víctor tranquilizou o irmão. "A água vai ajudar as tuas costas, e eu estou ao pé de ti." De facto, uma vez na água, Nelito não queria sair. Como aconteceu na visita à Costa de Ouro, Víctor estava resolvido a encorajar o irmão a tentar fazer tantas atividades novas quanto possível. "Nós aproveitámos intensamente o tempo juntos e foi mesmo a tempo," comentou tristemente.

"Mas este é o meu marido? Não sabia que ele era assim!" dizia Ana ao ver Nelito a chapinhar alegremente na água, e outra vez quando ele, entusiasticamente, foi para a pista de dança.

Os casais viram como as pessoas viviam em Fiji, visitaram uma pequena feira da ladra dirigida por um pequeno grupo de mulheres, e comeram comida tradicional cozinhada num buraco no chão. "Quero ser piloto," disse a Víctor um rapazito quando o grupo visitou uma escola numa pequena ilha. "Eu gostava de o ajudar," diz Víctor, "porque me lembro como eu queria tanto a mesma coisa quando era jovem. Mas ele nunca seria piloto se não fosse para o continente." A lembrança de que o sonho da criança nunca seria realizado traz lágrimas aos olhos de Víctor". "Na vida, não se pode ajudar toda a gente..." No entanto ajudou o irmão, e apoiou-o em mais do que a primeira tentativa de mergulhar.

Em agosto, antes da festa dos sessenta anos de Víctor, Nelito teve de ser sedado para poder viajar de avião, a dor na perna era muito intensa. Víctor reservou passagens para Nelito voltar à África do Sul para se juntar à celebração do seu aniversário, em dezembro, mas, finalmente, na Austrália, o irmão consultou um médico. O diagnóstico foi cancro, e pouco se podia fazer. Nelito morreu antes de fazer os sessenta e dois anos, em fevereiro de 2015.

***

Apesar de ter feito uma série de testes no conjunto chamado Triagem para a Saúde, em janeiro daquele ano, meses mais tarde Víctor consultou um médico de clínica geral para fazer análises ao sangue, especificamente para fazer a triagem para o cancro da próstata. O nível de PSA (antigénio específico da próstata) era mais elevado do que o da triagem geral para a saúde, mas ainda conside-rado dentro dos limites aceitáveis. O médico explicou que Víctor parecia estar de perfeita saúde, sem nenhum sintoma do que podia ser alguma doença grave. "No entanto, há a possibilidade de uma infeção," disse-lhe o médico, e tratou-o com um antibiótico.

"Fiquei aliviado quando o teste seguinte revelou que o PSA tinha baixado," diz Víctor, "assim sosseguei durante alguns meses. Então voltei outra vez ao médico para fazer outra triagem." Os resultados foram perturbadores. O PSA tinha disparado, mas com quatro nanogramas por mililitro de sangue, o médico ainda achava que, atendendo à idade de Víctor, estava dentro dos limites aceitáveis. Víctor não ficou satisfeito e insistiu numa segunda opinião. O urologista que o examinou ficou suficientemente preocupado para recomendar uma biópsia. Os resultados foram assustadores. "Num lado deu Gleason sete na escala de Gleason, e oito do outro lado." O cancro era agressivo, mas Víctor não sentia nenhum dos sintomas de aviso – ainda. Ele teve sorte, afirmaram os médicos, porque detetaram o cancro numa fase precoce e podia ser tratado.

Víctor também pensou que tinha tido sorte, mas sabia que tinham sido os seus próprios instintos que tinham conduzido a uma deteção precoce. Não pela primeira vez, ele pensou que Nelito talvez tivesse tido mais sorte se não tivesse aceite a opinião de um médico que dizia que a dor na virilha era uma sequela do acidente que lhe tinha lesionado as costas – e se ele não tivesse enterrado a cabeça na areia depois disso.

"Contei a Marki o que se estava a passar," prossegue Víctor, "e que eu não sabia o que o futuro reservava. Nessa altura os irmãos estavam de relações cortadas e teriam de entender-se no caso de acontecer o pior." Víctor queria os dois irmãos envolvidos no negócio e encorajou Marki a falar com Bruno. Ele não queria que aquilo pelo qual ele tinha trabalhado tanto fosse por água abaixo, visto que os rapazes discordavam em muitos assuntos.

"Eu não teria conseguido sem o Bruno," confessou Marki mais tarde.

Bruno recorda que estava num centro comercial quando Marki lhe telefonou. "O pai está com cancro," disse ele, e Bruno podia ouvir os soluços do irmão nos segundos que decorreram até que as palavras se gravassem na sua mente.

"Merda! Não acredito," Bruno finalmente compreendeu. A despeito disso, ele ainda não tinha a certeza com relação a voltar a trabalhar com o pai. Pensou nos anos que se tinham passado e nas dificuldades experimentadas. Depois do rompimento com o pai, durante algum tempo fez um grande esforço para continuar com a casa, mas chegou à conclusão que tinha de a vender e comprar uma casa mais pequena. Bruno não gostava nada de ter dívidas, e vender a casa significava que ele poderia cumprir a sua obrigação de pagar as dívidas. Tinha ficado com um carro para a Nicole, e comprou uma scooter para ir para o trabalho. O ponto mais baixo tinha sido quando ele teve de pedir vinte randes à mulher para meter gasolina na scooter. Violava a ideia do que um marido devia ser. "És assim tão estúpido?" disse Nicole. "O casamento é assim. Agora eu tenho dinheiro, mais tarde tu também terás." Quatro anos depois de se ter tornado autónomo, Bruno recuperou financeiramente, mas nem ele nem Nicole tinham recuperado da desavença com Víctor. Este era o homem que mostrava tanta preocupação e cuidado, mas que tinha rompido com eles de um momento para o outro. Pelo menos era assim que eles sentiam. Encontravam-se nos mais importantes dias da família, mas já não eram chegados.

"Eu tinha jurado não deixar o meu pai magoar-me daquela maneira outra vez," confessou Bruno. "Nunca digas desta água não beberei: o cancro aproximou-nos outra vez. Doía aqueles quatro anos sem nos falarmos, pelo menos não como devia de ser, consumiu-me por dentro…" Ele resolveu o problema encontrando-se com o pai, frente a frente. "Sentámo-nos no jardim das traseiras, e ele deixou-me falar. Ele disse o que tinha a dizer, mas ele também me ouviu. Eu precisava de desabafar." Finalmente, Bruno achou que tinha sido ouvido e voltou para a Master Chip and Veg em outubro de 2015.

As coincidências não existem – ou, como Víctor diria, tudo acontece por uma razão. Os médicos sugeriram a braquiterapia ou rádio terapia interna. A ele, soava-lhe tanto a um churrasco que podia dar resultado ou não, no qual não se pode virar a carne para garantir que seja cozinhada por igual. Envolvia a colocação de granulados diretamente na próstata onde queimariam as células cancerosas ... e tudo o mais perto delas. Os homens com estes implantes radioativos precisam de evitar sentarem-se a menos de cinquenta centímetros de mulheres grávidas ou crianças mais do que uns poucos de minutos por dia, pelo menos nos primeiros dois meses do tratamento. Só este facto seria o bastante para dar azo a reflexão, e Víctor estava a ponderar os prós e os contras do churrasco interno quando, completamente por acaso, viu uma prostatectomia robótica a ser realizada na televisão. Um amigo tinha-lhe falado no procedimento, mas ver a exibição na televisão impeliu-o a decidir-se. Ele queria a operação, e a braqui podia ficar para depois, caso fosse necessária.

Mais uma vez, os seus instintos estavam certos. O Dr. Lance Coetzee efectuou uma prostatectomia radical a 2 de fevereiro de 2016, removendo todos os vestígios de cancro.

Isto não quer dizer que Víctor estivesse livre de perigo no que respeita à sua saúde. No ano seguinte, o quadro clínico apresentou outras condições médicas que foram atendidas, mas menores em comparação com o cancro na próstata. Em dezembro, a seguir à prostatectomia, ele sofreu um ataque isquémico transitório (AIT) em casa. Era domingo, e felizmente Mio percebeu que havia um problema. Víctor estava a ter dificuldade em controlar os movimentos e a fala. No hospital, perguntaram-lhe que medicamentos estava a tomar. "Não sabia o que havia de fazer," disse ele, "porque não podia falar. Mas consegui escrever." Pouco depois – meia hora, mais ou menos – conseguiu falar, mas ele não ia correr riscos com a sua saúde. Quando o médico lhe disse que as veias no pescoço estavam bloqueadas com colesterol, ele entrou no que alguns achariam ser uma dieta brutal, renunciando completamente ao álcool, açúcar e outros hidratos de carbono. Meses depois uma nutricionista recomendou uma dieta mais equilibrada que incluía hidratos de carbono, mas nessa altura já tinha perdido mais de vinte quilos.

"Foi uma lição que preciso de ensinar aos outros," diz Víctor. "Disse ao chefe de cozinha da fábrica para fazer alimentação mais saudável para todos. O médico disse que se eu continuasse a alimentar-me da mesma maneira, teria um ataque de coração dentro de três meses."

A experiência do cancro foi uma coisa que Víctor partilhou abertamente com todo o pessoal na Master Chip and Veg, desenhando diagramas anatómicos para melhor informação. Há pouco – se não tudo – que ele não esteja disposto a discutir, incluindo os seus níveis de testosterona e capacidade sexual. "Sou outro homem," diz ele. "O cancro e o AIT foram um choque com a realidade, um alarme para eu despertar. Quero que as pessoas vejam e aprendam como se pode mudar e aprender novas maneiras, melhores maneiras, de fazer as coisas."

Ele crê que os filhos também mudaram, principalmente Bruno. "Ele é flexível como metal," diz Víctor, "ele pode dobrar sem partir." Não há dúvida de que o diagnóstico de cancro aproximou a família, com Marki e Bruno a assumirem papéis ativos e de responsabilidade para apoiarem o pai. Eles concordam que amadureceram, reconhecem que, sendo mais velhos e tendo mais experiência, veem as coisas de maneira diferente. "O nosso pai também mudou," diz Bruno. "A grande diferença é que ele ouve e delega mais."

32

Fazer dinheiro para benefício de muitos

Não gosto de dinheiro. Eu não sei se sou de todo bom com dinheiro, porque invisto tudo na Máquina de Fazer Dinheiro. Todas as manhãs estamos sem cheta, porque compramos a nossa mercadoria. Estamos mais ricos todas as tardes, porque se fizeram vendas. Quando morrer, não quero ter dinheiro vivo no bolso, porque então terei planeado até ao último detalhe. O património que deixo é a Máquina de Fazer Dinheiro. Ela será o meu legado.

Eu dirijo um negócio que processa e vende alimentos congelados e frescos. Mais de sessenta pessoas trabalham neste negócio, e mais de metade vive nas instalações, sem pagar renda. Cumprimento todo o pessoal todas as manhãs, e se eles não mostrarem um verdadeiro sorriso no rosto, chamo-os à parte para saber o que há de errado. Não os deixo trabalhar se estiverem doentes, ou se tiverem um problema que interfira com as suas capacidades de desempenho. Por exemplo, se tiverem um problema doméstico, digo-lhes para o resolverem antes de voltarem ao trabalho. O ambiente é tão importante para mim como os requisitos de segurança e sanitários. As pessoas têm de se sentir felizes com as suas condições de trabalho.

É o pessoal que, na realidade, é possuidor do negócio, porque sem ele a Máquina de Fazer Dinheiro não teria sucesso. Tento não mandar ninguém embora, prefiro ensinar-lhes como darem o seu melhor para o negócio. Tenho indivíduos maravilhosos a trabalharem aqui, vibrantes e únicos, e são todos meus parceiros. Nas nossas regulares reuniões de pessoal, encorajo toda a gente a falar com franqueza dos seus problemas, e também lhes digo o que está a acontecer no negócio. Essas reuniões são uma ocasião para se falar de tudo – o bom, o mau e o feio –, é onde resolvemos os problemas e concordamos no que precisamos de fazer para ter sucesso.

De segunda a sexta há uma cozinha para os pobres, com qualquer coisa como entre cinquenta a cem pessoas a formarem bicha para o almoço. Para a maior parte deles, se não todos, esta refeição é a única do dia. Observo-os quando eles vêm, alguns com cortes, feridas e nódoas negras, alguns a coxear ou aleijados, um homem cego de um olho, alguns com sapatos rotos e outros sem sapatos. Estão todos sujos porque não têm um lugar onde se possam lavar. Um por um, todos lavam as mãos na torneira. Eles recebem uma boa dose de carne rica e sopa de vegetais com pão e manteiga, café, leite, sumo. Quando falo com eles, esforço-me para não chorar e observo como lambem os dedos, levando para o organismo todos os resíduos de comida. Alguns trazem recipientes que nós enchemos para que tenham um pouco mais de comida naquela noite, ou talvez para darem a alguém que não pôde vir.

No natal temos um churrasco com mais comida do que eles podem comer: carne, saladas, farinha de milho e molho, bolos, bebidas e mais. Todos recebem um presente: uma toalhinha para a cara, vaselina, pasta de dentes, uma escova e uma barra de sabão. Não parece ser muito, mas normalmente estas pessoas não podem comprar essas coisas. Um natal, um homem veio ter comigo, ajoelhou-se e rogou que eu lhe desse algum dinheiro para que pudesse ir visitar a família. "Patrão, há muito tempo que não vejo a minha família. Uns vinte anos..." Ele não parecia estar bem e era muito velho. Pergunteilhe de quanto precisava. "Vinte randes, patrão," disse ele.

"Ó homem, hoje isso não te leva muito longe. Toma, leva isto." Ele chorou quando eu lhe dei trezentos randes. Nunca mais o vi. Penso que ele foi para casa para morrer. Desde essa ocasião, a cada um dos meus convidados de natal eu dou cem randes com o pequeno pacote que recebem. Talvez os possam usar para pagar o transporte para visitarem as famílias.

É OUTUBRO DE 2017, e o negócio não corre tão bem como no ano anterior. "Há muitos pessoas a enfrentarem dificuldades, não somos só nós," dizem a Víctor, "todos estão a ter tempos difíceis." Talvez seja assim, mas não é uma desculpa. Devia ser um incentivo para se esforçarem mais, diz ao pessoal. Ele também diz a todos que a 13 de outubro, uma sexta feira, terão a última refeição para os empregados até as coisas mudarem. A alternativa é algo que Víctor não considera, embora seja uma prática comercial normal. "Eu não vou despedir gente," diz ele. "Muitas empresas grandes apressam-se a fazer isso e economizam muito dinheiro. Esquecem-se das consequências para o indivíduo, a maneira como afeta não só essas pessoas mas também as suas famílias."

Contudo alguma coisa tem de ser feita, e a poupança na alimentação do pessoal é considerável. "Não posso dar o que não tenho," diz ele. "Não podemos partilhar se não produzirmos. Os almoços do pessoal da empresa importam nuns bons sessenta mil randes por mês, se não for mais. Também não haverá festas de fim do ano, não haverá aumentos nem gratificações. A sorte, a prosperidade de todos os envolvidos no negócio sobe ou desce com aquilo que gera a Máquina de Fazer Dinheiro.

"Em tempos de mudança, as pessoas têm de mudar para enfrentar os novos desafios," diz Víctor. "As pessoas não mudam porque são teimosas," disse ao pessoal. "Estou a falar abertamente para vocês. Vocês precisam de se adaptar e cuidar de vocês, e será assim se cuidarem bem do negócio."

Os almoços para os pobres continuam, e as crianças no infantário também serão alimentadas. "Há muito tempo aprendi esta lição: quando as coisas não estão a ir bem, é fácil deixar correr as coisas e gastar demais. Agora é tempo de retroceder e ver o que é que podemos fazer de maneira diferente, aquilo que nos fará destacar no mercado."

〜❦〜

Epílogo

CHEGÁMOS AO FIM do livro, porque temos de parar em algum ponto, mas não é o fim da história. Afinal, até que ponto é que realmente conhecemos quem quer que seja, ou mesmo nós próprios?

O que nós verificamos é que Víctor é um homem de contradições, e nem sempre é o que parece. À primeira vista ele pode parecer superficial, uma figura tipo-Trump, mas há uma profundidade de sentimentos, de anseio de estabelecer ligações, que é mais evidente na maneira como trata a família. Não importa que ofensas viveu, ou o que pensa das decisões que tomam as pessoas mais chegadas, pode-se confiar nele para oferecer ajuda. Discussões e desacordos são vulgares na alargada família Rebelo, com mais do que um membro rápido e apaixonado a expressar o seu ponto de vista de uma maneira que alguns pensam ser num clima de confrontação, e cada um deles com razão. Apesar da insistência de Víctor em dizer que uma vez desprezado ou desconsiderado, se lhe fizerem uma desfeita ele é bem capaz de virar as costas, e das opinião que ele expressa das pessoas que o magoaram, ele ainda é o mesmo que tratou o homem que lhe deu um tiro com o respeito devido a um sogro. Mais do que isso, ele mostrou compaixão, levando o idoso homem a jantar quando a mulher estava fora, e oferecendo todo um número de gentilezas de que talvez não se lembre. Claro, Víctor talvez lhe diga que foi tudo em consideração a Isabel, não de Vidal, mas isso talvez seja apenas uma parte da verdade.

Não é pela sogra que ele auxilia outros membros da sua família, alguns em segredo, e por vezes em circunstâncias que levam os filhos a dizer que se estão a servir do pai. "Eu vejo as coisas," desabafa Bruno. "Algumas vezes o meu pai ajuda as pessoas e depois dão-lhe um pontapé. Oiço-os a falarem mal dele pelas costas. Mas ele volta a ajudá-los."

Podemos dizer algo sobre o que é importante para Víctor pelo que é saliente na sua memória, as coisas de que não fala e as vivas emoções que sente quando fala dos outros. Ele fala pouco de Paulie, mas exibe uma grande fotografia dele na sala de estar da sua casa. Neste aspeto ele não é diferente de muitos de nós, que se afastam dos grandes traumas, aqueles que tocam o nosso coração. Quando ele fala do irmão, dos laços afetivos que os uniam e da gratidão que sente pela felicidade de Nelito, as lágrimas veem-lhe aos olhos. No que toca o amor, ele disseca-o, reduz o amor a uma fórmula. E, mesmo assim, até este momento, ele expressa-o com uma lealdade muito intensa, quase feroz. É generoso com o seu tempo, com a sua presença física e assistência financeira.

Entre as suas várias opiniões, na sua insistência em haver uma razão lógica para tudo o que faz, ele revela o que pode parecer uma consciência surpreendente de energia, de ambiente, e da dor dos outros.

Ele é o senhor das suas ações condenáveis, seria um erro pensar que não sente remorsos. Pelo contrário,

admitir os seus erros – não simplesmente confessá-los –
leva-o a comprometer-se consigo próprio, a verificar o que
ele se vê a fazer no presente.

"É sobre retorno. É sobre restituir. É sobre deixar algo
de valor que aumentará a qualidade de vida de todos
aqueles que um dia deixarei."

E este homem que na vida enfrentou vários tsunamis –
uns maiores do que outros, como a traição da mãe, um
casamento desfeito e a perda de um filho, e que sempre se
levantou, mais forte e determinado – na praia de
Massinga[73], o seu refúgio predileto, contempla o magnífico
céu noturno. Ali, ele roga às estrelas: "Não me deixem
desapontar-vos! Obrigado por me ajudarem a comportar."

---

[73] Praia em Moçambique, Inhambane.

www.ingramcontent.com/pod-product-compliance
Lightning Source LLC
Chambersburg PA
CBHW051556030726
47592CB00001B/315